너와 같이

너와 같이

초판 1쇄 발행 2020년 3월 20일

지은이 김현석
펴낸이 장현수
펴낸곳 메이킹북스
출판등록 제 2019-000010호

디자인 김주애
편집 안영인
교정 이유리
마케팅 오현경

주소 서울특별시 금천구 가산디지털1로 142, 312호
전화 02-2135-5086
팩스 02-2135-5087
이메일 making_books@naver.com
홈페이지 www.makingbooks.co.kr

ISBN 979-11-969507-4-3(03810)
값 12,000원

ⓒ 김현석 2020 Printed in Korea

잘못된 책은 구입하신 곳에서 바꾸어 드립니다.
이 책의 전부 또는 일부 내용을 재사용하려면 사전에 저작권자와 펴낸곳의 동의를 받아야 합니다.

이 도서의 국립중앙도서관 출판예정도서목록(CIP)은 서지정보유통지원시스템
홈페이지(http://seoji.nl.go.kr)와 국가자료공동목록시스템(http://www.nl.go.kr/kolisnet)에서
이용하실 수 있습니다. (CIP제어번호 : CIP2020010360)

홈페이지 바로가기

너와 같이

김현석 시집

꼭 숨이 끊어지는 것만이 죽음이 아니더라

숨이 붙어 있는데 죽는다는 것

진짜 죽음이더라

메이킹북스

○ 프롤로그

글 한 자(字) 한 자(字)

생(生)과 사(死)

반복 또 반복

죄(罪)가 많고 많아

태어나고 죽는 것

하루에도 수백(數百) 번

하루에만 수만(數萬) 번

그 많은 삶과 죽음 가운데

어찌어찌 남은 것 중

혼자 담기 아까운 몇 가지

옮겨 놓아 봅니다.

23시 59분 59.999…초

자정(子正) 00시 00분 00초

00시 00분 0.00…1초

하루가 바뀌고

세기(世紀)가 바뀌며

수억(數億) 광년(光年)이 바뀌는 순간

이 찰나(刹那) 같은 영감(靈感)

자정영감(子正靈感)

현주야, 민오야, 승조야

사랑한다. 사랑한다. 사랑한다.

결혼 13번째 봄

野草 김현석

교정 : 이유리
디자인 : 김주애
편집 : 안영인

목차

프롤로그 _ 4

원자(原字)의 색즉시공(色卽是空) _ 11
너와 같이 _ 12
뫼비우스의 띠 _ 14
아까운 이별 _ 15
필연(必然) _ 16
확률(確率) _ 17
후생가외(後生可畏) _ 18
세습(世襲) _ 19
창업(創業) _ 20
사(史) _ 21
싸움 1 _ 22
불로장생(不老長生) _ 24
압력밥솥 _ 25
무의식(無意識) _ 26
봉이 김선달 _ 28
하늘 _ 29
싸움 2 _ 30

생(生) _ 31
지금 여기 _ 32
소명(召命) _ 33
하심(河心) _ 34
다윗과 골리앗 _ 36
작은 원 _ 37
희소성(稀少性) _ 38
이곳 그리고 지금 _ 40
무에타이 그리고 시(詩) _ 42
자조(自嘲) _ 43
선문답(禪門答) _ 44
모순(矛盾) _ 45
군대놀이 _ 46
돈 _ 48
저울 _ 50
63빌딩 _ 51
소녀상 _ 52

편파 _ 54

미확인 비행물체(UFO) _ 55

자녀(子女) _ 56

주객전도(主客顚倒) _ 57

예지몽(豫知夢) 1 _ 58

예지몽(豫知夢) 2 _ 59

한국어 개론(韓國語 概論) _ 60

난 감히 그리 믿는다 _ 61

희극(喜劇) 그리고 비극(悲劇) _ 62

세 개의 태양 _ 63

블루 오션(Blue Ocean) _ 64

영감 _ 65

사개치부책(四介置簿冊) _ 66

가외성(Redundancy) _ 68

첨바왐바(Chumbawamba) _ 70

귀족노조(貴族勞組) _ 72

두려운 마음 _ 74

부모 _ 75

백면서생(白面書生) _ 76

보람 _ 78

한단지몽(邯鄲之夢) _ 79

젊은 날의 고생 _ 80

죽음 _ 82

나는 _ 84

친구 _ 86

폭주 기관차(Runaway Train) _ 88

대학로 거리의 악사 _ 90

반지(Ring) _ 92

청춘(靑春) _ 94

나와의 투쟁 _ 96

해로(偕老) _ 98

구렁이 _ 99

최면(催眠) _ 100

화이트 라이(White Lie) _ 102

상대평가(相對評價) _ 103

천상천하 유아독존(天上天下 唯我獨尊) _ 104

엄청난 이력(履歷) _ 106

하얀 탈 _ 107

공수래공수거(空手來空手去) _ 108

실수(失手) _ 109

돈의 양면(兩面) _ 110

갈등(葛藤) _ 111

인생(人生)이란 주기(週期) _ 112

물 같은 돈 _ 113

인생지사(人生之事) _ 115

특수성(特殊性) _ 116

민간요법(民間療法) _ 117

가시밭길 _ 119

B급 영화 _ 121

아킬레스건 _ 122

짝꿍 _ 123

요물(妖物) _ 125

사춘기(思春期) _ 127

멘토(Mentor) 아닌 포스(Force) _ 129

외할아버지 _ 130

이유 _ 131

사회간접자본(SOC) _ 133

혼돈(混沌) _ 135

봄 _ 136

기술을 가진다는 것 _ 137

하면 된다 _ 139

학문(學文) _ 140

법(法)과 도덕(道德) _ 141

가만히 _ 142

안녕 _ 143

장수풍뎅이 _ 145

내성(耐性) _ 147

국영수 _ 148

화두(話頭) _ 149

빙고 _ 151

인과응보(因果應報) _ 153

신뢰(信賴) _ 154

숙명(宿命) _ 155

언로(言路) _ 157

고해성사(告解聖事) _ 159

본능 _ 161

역설(逆說) _ 163

○ × _ 164

잔인한 들러리 _ 165

아파트 _ 166

부메랑 _ 167

가방 _ 168

사람 인(人) _ 169

신성한 노동(勞動) _ 170

건곤일척(乾坤一擲) _ 171

폭등(暴騰) _ 172

어깨 넓이 _ 173

깃털 _ 174

제발 _ 175

지금을 살아요 _ 177

물이 흐르는 그물 _ 178

토론(討論) _ 179

자극 _ 181

황새 _ 182

이순(耳順) _ 183

의전(儀典) _ 185

편견 _ 187

궁합(宮合) _ 188

엄마 _ 189

평행선(平行線) _ 190

대한인(大韓人) _ 191

아웃사이더 아트(Outsider Art) _ 193

위드(with) _ 195

농자천하지대본(籠字天下之大本) _ 197

그냥 그래서 _ 199

잠 _ 201

기득권(旣得權) _ 203

민초(民草) _ 205

별이 되게 하기를 _ 207

장님 코끼리 만지기 _ 209

내 아이들에게 1 _ 211

내 아이들에게 2 _ 212

좋은 아빠 _ 213

허세(虛勢) _ 215

종심(從心) _ 216

메리 크리스마스(Merry Christmas) _ 218

풀의 기록 _ 220

꼭두각시 _ 221

칼 그리고 글 _ 223

특권층(特權層) _ 224

원자(原子)의 색즉시공(色卽是空)

꽉꽉 차 있는데
텅텅 비어 있는

이치에 맞지 않는데
정확히 답(答)인

눈에 보이는 것이 전부인데
눈에 안 보이는 것도 전부인

우주가 넓디넓은데
작디작은 내가 우주(宇宙)의 전부(全部)

앞뒤가 바뀌어도 맞고
안 바뀌어도 맞는

말이 아닌데 말이고
창과 방패 모두 답(答)인
모순(矛盾)이 모순(矛盾) 아닌

우리 삶 인생(人生)
우주(宇宙) 절대(絶代) 법칙(法則)

원자(原子)의 색즉시공(色卽是空)
원자(原子)의 공즉시색(空卽是色)

너와 같이

너와 같이 비를 맞으려
내 우산을 버린다

너와 같이 비를 피하려
내 우산을 버린다

귀하고 귀찮은 우산을 버린다
너와 나 사이 차이를 버린다

너와 같이 해를 맞으려
내 양산을 치운다

너와 같이 해를 피하려
내 양산을 치운다

너와 나 사이 공간(空間)을 치운다
너와 나 사이 시간(時間)을 치운다

너와 같이 눈을 맞으려
내 우산을 버린다

너와 같이 눈을 피하려
내 우산을 버린다

귀하고 귀찮은 우산을 버린다
너와 나 사이 거리를 버린다

너와 같은 시간(時間)을 걸으려
너와 같은 공간(空間)에 있으려
우산을 버리고 양산을 치운다

너와 같은 속도(速度)로 살려고
손을 잡고 발을 맞춘다
우산을 버리고 양산을 치운다

너와 나 사이 모든 것을 치운다
너와 나 사이 모든 것을 버린다

뫼비우스의 띠

하찮은 미물도 의식주가 해결돼야 새끼를 낳는다
만물의 영장에게 집도 절도 없이 아이를 낳으라 한다
집값은 이리도 올려놓고, 빚더미에 앉으라며
이자가 싸다며 생색을 낸다

빚더미는 뫼비우스의 띠
뫼비우스의 띠에 갇힌다는 것
모든 길이 새로운 것 같은데, 돌고 나면 다시 제자리
빨리 돌수록 허망하다

노력을 하라는데, 노력하면 할수록 더 지친다
포기하면 지치진 않으련만
포기(抛棄)가 답(答)인 지금 여기
뫼비우스의 띠

할아버지 할머니
엄마 아빠
우리도 우리를 닮은 아이를 간절히 낳고 싶어요

할아버지 할머니
엄마 아빠
제발 우리 좀 살려 주세요

아까운 이별

기약 없는 이별이 이렇게 먹먹할지 몰랐다
의미 없는 기약을 남기려다
아름다운 먹먹한 이별이 아까워 말을 아낀다

이번 생의 마지막 만남
아쉬운 듯 담담히 빛나는 미소
부질없는 기약을 남기려다
아쉬운 듯 담담히 빛나는 미소가 아까워 말을 아낀다.

지금까지 기대어 온 세월
지금 헤어짐이 아프다
아프지만 살아야 한다
더 이상 짐이 되기 싫어서
먹먹한 이별이 아까워 생각을 아낀다

정(情)을 완전히 끊어야 살기에, 입술을 지그시 깨문다
미래에 대한 두려움을 안고, 담담히 이별을 맞는다
지금 여기에 집중하려 마음을 아낀다

말을 많이 하여 체면치레를 하려다
우리 사이가 아까워 눈에 마음을 담아
묵묵히 아까운 이별을 한다

필연(必然)

우리 아이들과 나의 만남
엄청난 인연
말도 안 되는 인연

내가 살면서 걸은
꼭 같은
걸어온 그 길이 아니면 안 되는
계산할 수 없는 확률
계산 불가능한 확률

그렇게 만난 인연이기에
내가 걸어온 모든 길
어떤 후회도 없고
어떤 미련도 없구나

막내 아이가 태어나기
전까지 한 모든 결정
모두 후회하지 않는다
그런 결정들 덕에
만난 것이 우리 막내

훗날
아이들이 손주를 낳는다면
그 사이 일들도
아름다운 눈으로 덮이겠구나

확률(確率)

지금 여기
기적 같은 확률의 시공(時空)

너와 내가 만날 확률
수많은 공간(空間) 중 여기
수많은 시간(時間) 중 지금

지금 여기
기적 같은 확률의 시공

확률 무한대 값
결국 제로

유(有) 그리고 무(無)
유(有)와 무(無)는 손의 앞 그리고 뒤
결국 너와 나의 만날 확률
0% 아닌 100%

셀 수 없는 시간(時間) 속에
셀 수 없는 공간(空間) 가운데

너와 내가 손을 잡는다
너와 내가 입을 맞춘다

지금 여기
기적 같은 확률(確率)의 시공(時空)

후생가외(後生可畏)

콧물 흘리던
가난하고 힘없던

꼬맹이가 금세 소년이 되고
청년(青年)이 되더니
성인(成人)이 되어
나를 뛰어넘더라

놀랍고 무서운
후생가외(後生可畏)

사법고시 폐지
각종 공개 채용 축소
대학교 등록금 인상
더는 아름다운 후생가외(後生可畏) 볼 일 많지 않겠구나

사방이 진입장벽
물이 갈 길을 잃다
비열(卑劣)한 댐에 갇히다

후학(後學)이 두렵지 않은 사회(社會)
위치(位置)가 세습(世襲)되는 세상(世上)
고인 물
썩고 썩어 썩은 내에
천지(天地)가 잠을 자는구나

세습(世襲)

공기가 대류(對流)를 멈추다
바람이 생(生)을 잃다

부모가 부자여야 부자가 되고
부모가 힘이 있어야 힘을 가지는
부모가 무엇이어야
자식도 무엇이 되는

대도시(大都市)에 살아야 돈과 힘을 가지는
변치 않는 썩은 사회
상하(上下) 간(間) 이동(異動)이 끊기다

상속세, 증여세 인상 필요하다
편법, 불법 상속 및 증여 단속 강화 시급하다
모든 진입장벽 파괴해야 한다
모든 기회의 상대적 절대적 평등 절실하다

기체가 멈추다
살아 있는 모든 것이 위태롭다

활력을 잃을 것이요
죽을 것이다

모든 생(生)이 소멸하는
공생(共生) 아닌 공멸(共滅)

창업(創業)

어설피 창업을 꿈꾸는 당신
세상 앞에 호구다

명예를 위해 창업하는 당신
빛 좋은 개살구

허황된 창업을 준비하는 당신
세상 앞에 완벽한 호구다

놀기 싫어 창업하려는 당신
노는 것이 버는 거다

오직 빚으로 창업하려는 당신
천재 아니면 사기꾼

직장 생활이 힘들어 창업하려는 그대
창업은 더 힘들다

직업이 없어 창업하려는 그대
수험생(受驗生)도 아르바이트(Arbeit)도 직업이다

완벽히 준비된 그대여
겁먹지 말고 창업하여 날아라

불가피(不可避) 벼랑 끝 창업(創業)하려는 그대여
운(運)도 실력(實力)이니 행운(幸運)을 빕니다

사(史)

사실(事實)로서의 역사(歷史)
기록(記錄)으로의 역사(歷史)

어느 쪽이든
지금을 사는 전부(全部)를 위한 기록은 왜곡(歪曲)이 작다
지금을 사는 일부(一部)를 위한 기록은 왜곡(歪曲)이 크다

승자(勝者)의 기록(記錄)
승자(勝者)가 되기 위한 명분(命分)

패자(敗者)는 철저히 지워지고 왜곡되는
패자(敗者)는 그렇게 악(惡)이 되는

현재 우리가 아는 역사(歷史)
실제 일어났던 모든 사실(事實)

양자(兩者)의 크기 차이는 비교 불가
전자(前者)는 한줌 흙 후자(後者)는 태산(泰山)

실제 일어났던 모든 과거(過去)의 사실(事實)
책(册)

승자(勝者)가 기록한 현재(現在)의 역사서(歷史書)
책(册)의 오류로 가득한 목차(目次)

싸움 1

맞는 것
좋아하는 사람 없다
DNA에 저장된 잊을 수 없는 기억
원시시대(原始時代)
부상을 당한다는 것
죽음과의 조우(遭遇)
잊을래도 잊을 수 없는 치명적 기억(記憶)

하지만 때리고 싶다면
맞을 위험을 감수해야 한다

리치(Reach)를 격투기에서
중요시하는 이유

거리 싸움
본인은 때리고
상대방은 때릴 수 없는

실전의 거리 싸움
머리로 하는 것
온몸으로 하는 것
본능으로 하는 것

짖는 개 물지 않는다
두려움의 위장된 표현

싸우지 않고 서로
으르렁거리든지

무는 개 짖지 않는다
짖을 시간조차 아깝다
싸울 거라면 말보다 주먹이 빠르다

누군가에게 상처를 안기는 일
본인도 상처를 감수해야

피할 수 있다면 피하세요
피할 수 없다면 참으세요

다만
신(神)의 결정이거나
죽겠거든 다 걸고 싸우세요

모두 걸고 싸우면
이기든
지든
승리(勝利)

싸움은 장난이 아닙니다
싸움이 곧 전쟁(戰爭)

불로장생(不老長生)

오래 사는 것, 많은 이의 소망(所望)
불멸(不滅)의 삶
진시황
많이 가진 자의 헛된 마지막 꿈

어린 시절부터 줄곧, 나의 죽음이 가장 두려웠다
지금은 모르겠다
솔직히
무엇이 가장 두려운지
아이가 생기고, 아빠가 되고부터였던 것 같다

아이의 생명, 나의 생명
신이 선택하라면 망설일 이유가 없다
나의 답은 아이
아니 많은 부모의 답(答)

모성애(母性愛) 부성애(父性愛)
아이를 살리는 힘
부모가 살아야 할 이유
모두 살게 하는 힘
내가 아빠가 되어 좋은 점 중 하나
나의 생명(生命)이 최우선이 아니라는
어이없는 홀가분함

자유롭구나 조금은…
감사하구나 지금이…

압력밥솥

평화로운 수족관(水族館)
물고기가 힘이 없다

어찌어찌 천적(天敵)이 들어갔다
아이러니(Irony)하게
수족관의 고기들이 살아난다

인간이 정한 서열(序列)
바뀌지 않는 구조(構造)

평화로운 압력밥솥
언제 터질지 모르는
불만만 더해가는 압력밥솥

너희가 진짜 민주주의(民主主義)라 말하는데
우리의 입과 귀를 통제하는
도대체 무엇이 바뀌었는지 모르는…

평화는 전쟁이 있어 빛난다
전쟁(戰爭) 없는 평화(平和)
진짜 평화(平和) 아닌 가짜 평화(平和)

따질 수도 없는 사회구조(社會構造)
갈등조차 허락하지 않는 세태(世態)
언제 터질지 모르는 압력밥솥
지금 여기

무의식(無意識)

내가 넘어졌을 때
벗이라 생각한 이들에게 손을 내미니

어떤 이는 매몰차게 비난하며 거절했고
어떤 이는 웃었고 다른 이는 소문냈다

처음엔 그들이 미웠는데
지금은 그들이 감사하다

그들 덕에 이곳이 넘어지면
생명이 위태로운 정글임을 자각(自覺)하였고
스스로 빨리 일어나는 가치(價値)를 가슴에 담았다

다행이다
내가 처음부터 그들을 많이 신뢰하지 않았다는
놀라운 사실

넘어졌을 때도 난 별거 아니기에
손을 내밀었다는 기억(記憶)

그랬다
이미 세상을 많이 알고 넘어졌기에
일어나기 수월했고

내가 일어날 것을 알았기에
본능적(本能的)으로 그들을 시험(試驗)한 것

이건 훗날 무의식(無意識)의 기억(記憶)
우연히 찾아 알게 되었다

넘어진 순간 수도 없이 복기(復棋)했기에…
다시 넘어지기 싫었기에…

그들이 손을 잡아 줘도
난 혼자 일어났을 것이다

나도 나를 믿기 어려운데
누가 누굴 믿는가?

넘어졌을 때
곁에서 응원하고
앞에서 잡아 주고
말없이 기다려 준 벗들이여

그대들과 함께 걷는 것이 영광(榮光)이요
그대들이어서 다행이오

내 앞으로도 묵묵히 함께 걷고 싶소
그대들과…

봉이 김선달

강물을 팔아먹은
희대의 천재(天才)

과거(過去)니까
그러려니 했다

다시 보니 지금의 장사치들
봉이 김선달 너무 많더라

후대(後代)에 이들의 다른 이름
봉이 김선달로 기록될 것

과거(過去) 사람들은 바보가 아니었다
오히려 지금 사람의 무지(無知)

그렇다 거상(巨商)
망하지 않는 장사

내 물건을 파는 것이 아니고
무형(無形)의 영원한 가치를 파는 것

장사는 봉이 김선달이 옳았다
선택(選擇)이 아닌 생존(生存)이었다

장사는 땅 짚고 헤엄쳐야 온전히 산다
강물을 파는 것처럼…

하늘

초등학생 시절
선생님은 화장실에 가지 않는다
그리 믿었다

교직원 화장실은 따로 있었고
내가 신성시한 것이다

지금은 교권(敎權)이 많이 무너졌다지만
그 시절 어린 나에겐 하늘

중학생 시절 선생님
화장실을 이용함을 알고 충격이었다

나의 하늘은 그렇게 다른 색이 되었지만
하늘은 하늘이었다

나의 멍청함, 나의 순수함, 순수함 멍청함
공통분모(共通分母)가 너무 많다

부끄럽지 않다
그 시절 나의 순수함이든 멍청함이든
오히려 자랑스럽구나 지금은…

나의 하늘 안녕하신지요?

싸움 2

손자병법(孫子兵法)
싸우지 않고 이기는 것이 으뜸
허나, 방법이 많지 않다
하늘이 허락해야 하는 승리

손자병법(孫子兵法)
잘 모르겠거든 삼십육계(三十六計) 줄행랑이 답이다

기(氣)싸움에서 지면
그 싸움은 볼 것도 없이 진다
어떠한 물리력(物理力)의 우위(優位)도 소용없다

싸움은 두려운 것이 맞다
두렵지 않다면 싸움 아닌 구타
아니면 미쳤거나

두려움을 용기(勇氣)로 바꾸는 과정(過程)
두려움이 용기(勇氣)로 바뀌면
그렇게 승리(勝利)가 된다

몸으로 싸우는 자(者) 하수(下手)
머리로 싸우는 자(者) 중수(中手)
심장으로 싸우는 자(者) 고수(高手)
마음으로 싸우는 자(者) 신(神)

생(生)

적자생존(適者生存)
강한 자가 살아남는다 틀리다
살아남는 자가 강한 자다 맞다

약육강식(弱肉强食)
약자(弱者)는 고기가 되고 강자(强者)는 식사를 한다

한 시대를 풍미한 강자, 공룡
그들은 가장 강했지만, 환경 변화에 적응하지 못해 멸종하였다

인간(人間), 현재(懸在) 지구(地球) 최강자
살아남아야, 적자생존(適者生存)

공룡은 지구와 상생(相生)하였고
순천(順天)하였는데도 멸(滅)하였다

인간(人間)
지구와 공룡보다 상생하지도 않고
자주 역천(逆天)하는데
아이러니하게도 이 덕에 살아남을까?

지켜볼 일이다
생(生)의 답(答)은 모르니까
아니 없으니까

지금 여기

권력(權力)은 피와 같아
돌고 돌아야 살건만
권력을 평생 누린 것도 모자라
자식에게 세습하는
피를 독점(獨占), 과점(寡占)하니
심장이 점점 버거워지는구나

부자(富者)는 돈을 가두고
없는 이는 돈이 마르는

돈은 맑은 물과 같아
위에서 아래로 쉼 없이 흘러야 하건만
많은 댐이 물을 가두니
바다에 이르러 맑은 물이 많지 않아
물이 너무 짜구나

아이가 아이답지 아니하고
어른이 어른답지 아니하다
아이가 어른스럽고
어른이 칭얼대는

아이가 어른을 안아 주는 형상(形狀)
조약돌이 바위를 업은 형국(形局)
지금 여기

소명(召命)

새가 날아야 새지
울기만 하면 새인가?

직원이 조직을 이롭게 해야지
월급만 받으면 다인가?

글 쓰는 이가 바른말을 해야지
밥 먹고 글만 쓰면 다인가?

광대가 세상을 가지고 놀아야지
그냥 놀면 무슨 재미인가?

언론(言論)이 옳은 소릴 해야 언론(言論)이지
곡학아세(曲學阿世) 누군들 못하리

학자(學者)가 많이 공부하고 가르쳐야지
자기만 알면 끝인가?

사장이 직원을 잘 돌봐야지
돈만 많이 벌면 사장인가?

부자가 나눠야 부자지
돈만 많으면 부자인가?
무엇이든 소명(召命)을 다해야 자격이 있지

하심(下心)

자신을 내려놓는
신(神)의 경지

자존심도 무엇도
생(生)이 먼저다

우리 아파트 경비아저씨
칠순(七旬)이 넘으셨는데
항상 먼저 인사하시고
묵묵히 성실하게 일하시는
무엇이든 도와주려 노력하시는

아버지 우리 아버지들…

우리 아파트 청소 아주머니
환갑(還甲)이 넘으셨는데
항상 먼저 인사하고
묵묵히 성실하게 일하시는
무엇이든 도와주려 노력하시는

어머니 우리 어머니들…

그렇게 경제를 일으키시고
말없이 항상 우리를 보호했던

눈물이 핏물이
수천(數千) 번 수만(數萬) 번
피와 땀은 바다를 이루네

피를 짜서 우리를 먹이고
뼈를 깎아 우리를 지키신

경비아저씨, 청소 아주머니
모두 다 몸으로 가르치시네

그 연세에 자기 관리도 철저하고
자신도 자신이지만 가족을 위한 관리

우리 아버지, 우리 할아버지
우리 어머니, 우리 할머니
경비아저씨들, 청소 할머니들
처우 개선이 우선 아닐까요?

어른을 존중(尊重)하지 않는 사회
어른들의 공로를 부정하는 세상
계급을 나누고 차별하는 지금 여기

신(神)이 눈물 훔치고
신(神)이 한숨짓는

신(神)이 등 돌리고
신(神)이 포기하면 어쩌나요?

다윗과 골리앗

초등학교 때 전교생이 단체로
영화 관람을 하였다

다윗과 골리앗의 싸움
처음엔 당연히 다윗이 질 것이라
생각하여 다윗을 응원하며 보았다
결과는 다윗의 승리

어린 나에게 무엇보다 멋진
극적인 드라마였다
조금 자라서는 만화니까 그러러니 했다

지금은 아니다
처음부터 골리앗이 이길 수 없는 싸움이었다
미안해 골리앗 많이 힘들었지

일단, 싸우는 공간(空間)이 넓다
빠른 자가 유리하다
멀리서 돌로 원심력을 이용해 공격하면
덩치 큰 골리앗은 방법이 없다
좁은 공간 맨몸 싸움이었다면 이야기는 다르겠지만…

어린 나의 착각이었다
어리석은 편견이었다

결국 생각이었다

작은 원

단지 그림자에 놀라고
가짜 형상에 두려워하는
아무것도 아닌 소리에 화들짝거리는

실체 없는 생각에 갇힌 수많은 세월
억울하고 분한데

아직도 생각이란 감옥
탈출할 수 없구나
방도 철창도 없는데

그 안에 아직도 앞으로도
참 오래도록 갇혀 있겠구나

방도 창살도 없는 나의 감옥(監獄)
나의 생각

넓디넓은 운동장에 작디작은 원을 그리고 들어간다
창살도 무엇도 없는 공간
갇혀 있는 어이없는 형국

마치 그 원을 벗어나면 큰일이 날 것처럼
자유를 잃은 생각

나의 감옥(監獄)
작은 원

희소성(稀少性)

상업의 기원
물물교환(物物交換)

희소성(稀少性)
경제의 다이아몬드

무역, 많은 인력 그리고 자금
각종 위험을 마다하지 않는 이유

단지, 물물교환(物物交換)
그런데 생사(生死)를 건다

서로 같은 값의 가치를
주고받았는데
둘이서 사이좋게
하나 주고 하나 받았는데

말도 안 되게 둘 다
천(千)이 되고 만(萬)이 된다

희소성
이쪽엔 많고 저쪽엔 없는
저쪽엔 많고 이쪽엔 없는

그 절대적(絕對的) 아닌 상대적(相對的) 가치
희소성
그 엄청난 생각

단지 어이없을 수 있는 환상

거래를 만들고 전쟁을 부른다

환상

이런 사람, 사람의 생각

상대성이 아닌 절대성이란 선을 긋는다

그렇게 갇힌 생각

문명을 발전시키고 진화시킨다

상감청자

대(代)가 끊긴 시크릿(Secret)

희소성

사람이 만들어 낸

생각의 다이아몬드

어쩌면 살아남기 위한 생명의 다이아몬드

희소성

인류가 살아남을 마지막 열쇠

희소성(稀少性)

생존 방법은 단 두 가지

희소성이란 생각을 끊든지

희소성이란 생각을 얻든지

이곳 그리고 지금

공부하고 공부한다
공부만 한다

수험생, 다시 수험생
고등학교 3년, 다시 4년
대학교는 어디에?

기초 학문 무너지다
철학과, 수학과 등 비인기 학과 없어진다
취업사관학교가 자랑이자 홍보…

결국 레드 오션(Red Ocean)
모든 길의 끝은 같은데

수없이 많은 길을 놔두고
몇 개의 길만이 인산인해(人山人海)를 이루네

막히고 정체되며
사회는 퇴보(退步)한다

기초가 없는 학문
다양성(多樣性)이 없는 획일화된 교육

상아탑(象牙塔)을 무시하는 세태(世態)
상아탑(象牙塔)과 공존하지 아니하는 모래 위의 집

공장에서 같은 물건만
계속 찍어 낸다

공장의 기계가 계속 돌아간다
하루 24시간 일 년 365일

기계에 열이 많이 난다
결국엔 기계에 불이 붙는다

정답이라 다들 말하며 벼랑으로 민다
벼랑 끝에 몰린 청춘(靑春)

힘만 많이 쓰고 근근이 입에 풀칠
다들 아주 작은 파이를 나눠 먹는다

우물 안 개구리
똑같은 제품들

생각은 사실(事實)
사실은 생각

생각의 획일성(劃一性)
사실의 병목현상

천지사방 같은 신발 같은 옷
모두 같은 레드 오션(Red Ocean)

무에타이 그리고 시(詩)

나무를 자르기 전(前)
산 그리고 나를 제대로 본다
노력이 다가 아니다
방향(方向)이 더욱 중요(重要)하다

무에타이
운동(運動)을 많이 한다고 타격(打擊)이 좋아지지 않는다
근육(筋肉)이 많은 것이 독(毒)이 되는 경우가 많다

타격하는 근육 외의 다른 근육을 너무 키우면
타격은 오히려 약해진다
근육이 근육을 방해하는 아이러니

시(詩)도 이와 비슷하지 싶다
너무 시의 형식, 이론, 역사 등
시(詩)에 대한 지나친 생각
독(毒)이 되어 시(詩)를 가둔다
생각에 갇힌 그대
그대의 붓이 길을 잃다

지피지기(知彼知己)
자신을 냉철하게 살피고, 시의 방향을 잡는다
시(詩)를 내 것으로 만드는 것

좋은 머리로 쓴 시(詩) 차선(次善)
좋은 마음으로 쓴 시(時) 최선(最善)

자조(自嘲)

칼을 빼앗긴다
양팔에 수갑을 채운다

입에 재갈을 물려 준다
시키는 대로 다 한다

주먹을 쓰려면 허락을 받아야 한다
지켜 줄 테니 걱정 말라 하는 말을 믿는다

나도 나를 못 믿는데
남에게 목숨을 맡긴다

물건을 강매하면 말없이 산다
무슨 말에든 고개를 끄덕인다

움직이지 못한다
허락받고 행한다

깡패 녀석이 지켜준다며 삥을 뜯더니, 보호비를 마구 올린다
이러지도 저러지도 못하며 발을 동동 구르는 형국(形局)

자주(自主)를 말하면서
자조(自嘲)도 못 하는

지금 여기

선문답(禪門答)

도(道)의 끝은 같다
모든 길은 만난다
모든 것이 같은 생각 같은 마음
모든 물은 바다에 이른다

상대방이 묻는다
상대방이 주먹을 냈다
이기고 싶으면 보, 비기고 싶으면 주먹, 지고 싶으면 가위

상대방이 주먹을 내서 보를 냈다
상대방이 가위로 바꾼다
답은 같이 바꾸든가 자리를 뜨든가

매우 간단하고 쉽다
답이 한 가지여도 아니어도 된다
지(知)와 무지(無知) 만이 존재하는

어려운 것은 답(答)이 아니다
아이가 울어도 안 되고, 몰라도 안 되는

어렵고 어려운
쉬운 아주 쉬운
아이가 웃어야 답(答)인 것

모순(矛盾)

모든 방패를 뚫는 창, 모든 창을 막는 방패
둘의 만남, 모순(矛盾)
창과 방패 동전의 앞뒷면, 유무의 가치

존재할 수밖에 없다
모순이 만나면
둘 중 하나는 소멸(消滅)한다

쌓이고 쌓인 창
쌓이고 쌓인 방패 너무 많다

우주(宇宙) 많은 것의 답(答)
모순(矛盾)은 무한(無限)의 값

돌아보니 모순만이 답(答)
모순(矛盾)의 진짜 가치(價値)

우리 세상 자체가 모순
우리 인생 전체가 모순
완벽한 창과 완벽한 방패로 가득 찬
우리네 삶

군대놀이

군대에 갔더니
한 달이 일 년 차이
아니 그 이상
서열(序列)이 정해진다

전역을 하면서
이제는 끝났구나 군대놀이
이렇게 믿었는데…

학교에 가 보니
다시 학번, 학년으로 서열을 정하고

알바를 해 보니
여기서도 며칠 차냐 나누더라

일반 직장(職場)에 들어가니
연차와 직급으로 나누고

공무원은 나을까 하여
공무원이 되어 보니
여기도 마찬가지

휴, 이놈의 군대놀이
이승에서 죽을 때까지 하겠구나
이렇게 한숨 쉬었는데

옥상가옥(屋上架屋)
설상가상(雪上加霜)

어린 친구가 저승에 먼저 가
작별 인사하러 갔더니
애도(哀悼)의 의미에 더해
저승 먼저 간 선배(先輩)라 하는 절이란다.

기가 차고
코가 막혀

저승에 가서도
저승 며칠 차냐?
따지겠구나

이놈의 군대놀이
끝이 없네
끝이 없어
피할 수 없으면 즐겨야 하는데
영 내키지가 않는구나

계급론(階級論)의 재평가
군대놀이…

돈

죽은 사람 살려 냈더니, 보따리 내놓으라 한다
적반하장(賊反荷杖)
염치없음의 의미

조금 더 들어가 보면
재산의 중요성
목숨만큼이나 중요한 가치

사람은 먹지 않으면 죽는다
의식주(衣食住)가 해결될 정도의 재산은 필수다

이런 재산은 물과 같아
나누어 가져야 하는데
너무 치우치면 안 되는데

물처럼 나누어 흐르지 아니하고
나누지 못하는 갇힌 물
썩어 가는 물

한쪽에선 물이 없어 사람이 죽고
다른 쪽에선 물이 남아 썩은 물이 버려지는

물이 고이고
물이 고이니

한쪽에선 물로 수영하고
다른 쪽에선 이슬에 입을 적시네

차이가 천양지차(天壤之差)
계급(階級)이 별거냐?
이것이 계급(階級)이지

부(富)의 대물림 정도껏 해야지
이건 아니지 않나요?

증여세, 상속세, 보유세 인상 및 관리 감독
시급한 지금 여기

자본주의(資本主義)?
자본주의가 이 땅의 포식(飽食者)가 된 시간(時間)
얼마나 되었다고
감히…

누구나 부자를 꿈꾸진 못해도
고복격양(鼓腹擊壤)은 꿈꿔야지
꿈이라도 꿔야지
그게 뭐 그리 큰 욕심이라고
그 정도 꿈은 꿀 수 있어야지

꿈도 꿀 수 없는
꿈이 사치(奢侈)인
지금 여기

저울

사회(社會)의 불가피한 속성이 계급(階級)이라면
누구나 올라가고
누구나 내려가야지

어떤 이는 엘리베이터 타고 하늘에 닿을 듯
다른 이는 오를 사다리조차 존재하지 아니하는

거기에 자자손손 반복된다면
에게 자본주의(資本主義)의 전부라면 바꿔야지

민주주의(民主主義)
누구나 주인
누구나 같은 가치
누구나 같은 한 표

다수(多數)의 주인이
소수(少數)의 주인에게
매번 당하면 이건 아니지

어떻게 소수의 무게가 다수보다 크지?
어찌하여 저울이 소수 쪽으로 기울지?

그럼 저울을 바꾸든지
안 되면 저울을 부숴야지

63빌딩

예전에 초등학교 때 수학여행으로
63빌딩에 갔었다

황금빛 바벨탑
집이 자동차가 장난감으로 보이던
하늘 아래 가장 높은 곳
나의 바벨탑(Tower of Babel)

시간이 지나
가장 높은 빌딩이 무어냐 물을 때
63빌딩이 아닌 타워팰리스 얘기가 나올 때
나는 믿지 않았다
아니, 믿고 싶지 않았다

그렇게 나의 바벨탑은 높이의
절대적 순위는 낮아졌다

하지만 그 시절 63빌딩
남들이 뭐라 해도
나에겐 영원한 바벨탑
나의 하늘 가장 가까운 곳에

가장 높이 우뚝 솟은 랜드마크(Landmark)
63빌딩

소녀상

저주를 두려워한다
바꿔 말하면
저주를 믿는다

유독 소녀상을 두려워한다

그렇다면 소녀상의 한
그 저주의 존재를 믿는다는 반증(反證)

소녀상의 시선(視線)을 두려워한다
죄의 깊이를 안다는 뜻
그럼 계속 저주란 벌을 받든가
진심으로 소녀상에게 사죄를 빌든가

100억?
지금 장난하니?

웬만한 아파트 열 채 값
그걸로 퉁 치자고?

지랄도 풍년일세
미쳐도 곱게 미쳐야지

얍삽한 건
예나 지금이나

웃는 척하다가 공손한 척하다가
등 보이면 비수를 꽂는

가식(假飾)을 높이 사는 이들도 있다
이치가 옳고 정당해야 높지
아전인수(我田引水)…
적반하장(賊反荷杖)…
그들의 가식(假飾)은 가식(假飾)일 뿐
그 이상 그 이하도 아니다

소녀상을 두려워하는…
계속 두려워하든지
무릎 꿇고 소녀상 앞에서 사과하든지

답(答)은 가까운 곳에 있다
항상…

편파

어릴 적 TV
신(神)의 목소리
신(神)의 말씀
그것에 가까운 절대 진리였다
그리 착각했다

매체의 신격화(神格化)
TV, 라디오, 신문
100% 정답이 아닌데…
착각하게 되고 믿게 된다
광고조차 마치 사실(事實)처럼 전달되고
제품은 신뢰를 얻는다

그 힘 너무 크다
견제가 필요한데 견제가 쉽지 않다
비판적인 시각 다른 관점의 접근이 필요하다

뉴스는 공정하다 보는가?
편파
조금 다르게 보면 답(答)이다

부모님 말씀도 걸러 듣는 우리인데
가족 말도 필터링(Filtering)하는데
왜 남의 말을 걸러 듣지 않는가?

미확인 비행물체(UFO)

인간(人間)은 궁금해한다
있는지 없는지
신을 찾듯 외계인을 찾는다
인간의 천적은 모두 멸(滅)했다
단지, 인간의 불가피한 선택으로 목숨을 연명하고 있다

인간의 역사(歷史)
전쟁의 역사(歷史)
피의 역사(歷史)

현재 지구 생태계 최상위 포식자
인간은 두려운 것 아닐까?
언제 나타날지 모르는 천적(天敵)
어디 있을지 모르는 천적(天敵)
UFO

성서의 오류를 찾는가?
빠져나갈 길은 많다
단지, 호기심인가?
우리의 기원을 찾는가?
UFO

단지, 다른 생명체를 찾는가?
대체 무엇을 찾을까?
UFO

자녀(子女)

남과 남이 만나
애틋한 일촌(一村)을 탄생시키는

같은 걱정 같은 행복
그렇게 하나됨을 공고히 한다

자라 온 다른 환경
자리가 다른 성별
교집합을 어찌어찌 만들어 하나가 된다

N극 S극
극이 다른 자석이라 잘 붙지만
삐걱삐걱
불협화음 안 들릴 수 없다
헌데, 귀여운 일촌이 하나됨을 확인시킨다

부창부수(夫唱婦隨)
같은 곳을 바라본다

부부가 자녀를 바라본다
애틋한 눈빛이 같다

주객전도(主客顚倒)

불합리 부도덕 부조리 죄
반복 또 반복

한 번 두 번 세 번
쌓이고 쌓이면

당연해지고 습관이 되며
관습이 되고 법까지 되어 버린다
그것이 악법(惡法)

모든 불합리 모든 부조리
모든 차별 모든 부도덕 모든 죄
철저히 응징해야 한다

그렇지 않으면
바늘 도둑이 소도둑 된다

그것도 모자라
죄인(罪人) 아닌 주인(主人)이 된다

절대 있어선 안 되는
주객전도(主客顚倒)

예지몽(豫知夢) 1

새끼손가락
나를 닮은
나의 아픈 새끼손가락
고맙고 사랑한다

네가 날 살리겠구나
네가 날 바르게 하겠구나
네가 날 잡아 주겠구나
네가 날 양지(陽地)로 옮기는구나

결국 너를 선택한 내가 옳았구나
넌 그렇게 정답이 되는구나
나의 마지막 퍼즐 너였구나
아빠가 널 찾으려 그리 헤매였구나

아빠가 꾼 꿈이 틀리지 않겠구나
지금부터 난 다른 길을 가겠구나
그렇게 생(生)이 바뀌겠구나
고맙고 사랑한다

새끼손가락
나를 닮은
나의 아픈 새끼손가락

예지몽(豫知夢) 2

아빠에게 와 주어 고맙다
잘한 일이다
누구의 뜻이 아닌, 너의 뜻대로 살거라
난 너를 그렇게도 믿는다
네가 가는 길, 내 말없이 응원하리
그렇게 네가 하늘을 날 때까지
어디 가지 않고 옆에 있을게

새끼손가락
나를 꼭 빼어 닮은
나의 아픈 새끼손가락
내 너는 어떻게는 지킨다
모두 걸고 지킨다
하늘이 너를 해코지하면, 하늘을 무너트릴 것이고
바다가 너를 질식시키면, 용궁은 재가 될 것이다
산이 널 괴롭히면 아빠는 기꺼이 우공이 되리
걱정 말거라

새끼손가락
나를 꼭 빼어 닮은 아픈 손가락

너는 반드시 하늘을 훨훨 날 것이다
이것이 지금 꾼
나의 예지몽(豫知夢)이다.

한국어 개론(韓國語 概論)

쉬운데 어렵다
어려운데 쉽다

누구나 물드나
누구도 물이 되기 쉽지 않다

내 불혹(不惑)을 넘어서니
산과 나무를
간신히 구별하겠다

그 깊이
헤아릴 수 없구나

표음문자(表音文字)
세상(世上) 모든 소리를 담다

세종대왕(世宗大王)의 가장 큰 업적(業績)
영원한 우리 것

세상 어느 언어와 견주어도
가히 으뜸이니
부러울 것이 없구나

난 감히 그리 믿는다

알프레드 월리스가 맞고 찰스 다윈이 틀렸다
마음 그 부문은
난 그리 믿는다

다윈이 찾은 것은 생각이고, 월리스가 본 것이 마음이다
월리스는 모두 보았고, 다윈은 생각만 보았다
난 그리 믿는다

난 이 글을 남김으로
월리스와 다윈에 연이 닿았다
철학 과학 그리고 시의 만남
난 감히 그리 믿는다

지금은 다윈이지만
훗날, 월리스가 되겠구나
난 감히 그리 믿는다

철학(哲學)으로 미리 알고, 과학(科學)으로 찾으며
수학(數學)으로 증명한다
방법은 언어(言語)이다

그렇게 모든 길이 하나다
난 감히 그리 믿는다

희극(喜劇) 그리고 비극(悲劇)

가희아는 희극(喜劇)이고
장녹수는 비극(悲劇)이다

둘 다 정적(靜的)인 꽃이 아닌 동적(動的)인 나비인데

혜선옹주 전무후무
숙용 장씨 흥청망청

둘 다 보석인데
가희아는 빛을 품은 무색(無色)
장녹수는 빛이 반사되는 검은색

가희아는 상생(相生)인데
장녹수는 상극(相剋)이로구나

여걸(女傑)은 여걸(女傑)인데
가희아는 빛
장녹수는 어둠

말을 이해하고 위로하는 여인
글을 해석하고 마음을 헤아리는 여인

가희아는 웃었고
장녹수가 울었다

세 개의 태양

추사 눌진 창암
조선후기 3대 명필(名筆)

축사장군 이삼만
장애 극복 조광진
세한도 김정희

창암이 추사를 찾았는데
추사는 아직 몰랐다
추사가 알고 나서 창암을 찾았는데
창암은 이미 없었다
뉘우치고 뉘우치며, 사신의 글을 남기니
추사는 그렇게 오점을 지우고
생(生)의 화룡점정(畫龍點睛)을 찍었다

추사가 모방을 창조로 승화시켰다
창암은 무(無)에서 유(有)를 개척했다
눌진은 장애로 진주로 만들었다

같은 듯 다르고
다른 듯 같은
빛이 나는 태양

태양이 태양을 서로 알아보았다네
셋이 그렇게 글씨로 신(神)이 되었다네

블루 오션(Blue Ocean)

다른 길에 사람이 너무 많아
한산한 길을 택했는데

사람 많은 길 일등이나
사람 적은 길 나도 일등

차이가 별로 없다
오히려 내가 낫다

사람 많은 길, 일등 저이는 지쳤는데
사람 적은 길, 나는 이제 시작

굳이 사람 많은 길 고집할 필요 없구나
되려
한산한 길이 답이구나

저 이는 레드 오션(Red Ocean)
나는 블루 오션(Blue Ocean)

레드 오션은 누구나 볼 수 있다
블루 오션은 아무나 볼 수 없다

레드 오션은 누구나 갈 수 있고
블루 오션은 아무나 갈 수 없다

마법 같은 블루 오션(Blue Ocean)

영감

영감
왜 이제야 오셨소

내 영감을 얼마나 기다렸는지
목이 다 빠질 지경이외다

영감 그래도 이리 와 주니
고맙고 반갑소이다

행여, 영감이 왔다 나 모르게 갈까
저어하여 잠도 설쳤다오

내 영감을 잊을까
얼마나 걱정했는지 아시오?

영감 나에게 온 것 잘한 것이오
내 영감을 세상에 자랑할 것이외다

우리 영감님이 이렇게 오셨다고
우리 영감님 이렇듯 안녕하시다고

왜 이제야 오셨소
영감(靈感)

사개치부책(四介置簿冊)

송상
개성상인

두문불출(杜門不出)
서북송탐(西北松眈)

차라리 다행이었다
전화위복(轉禍爲福)

100년
획일적인 학문에 갇히지 않았다
또 다른 상업이란 학문이 열리다

선불제도(先拂制度)
욕심을 두려워하였다

신용(信用)
빚을 경계하였다

자수성가(自手成家)
의지하는 것은 자유가 아니다

복식부기(複式簿記), 신(神)의 가계부(家計簿)
사개치부책(四介置簿冊)

검소함
돈은 버는 것보다 쓰는 것이 중요하다

상통(相通)
거래 상대에게 해를 끼치지 않는다

경험(經驗)
돈을 따라가면 돈은 도망간다
돈은 따라오게 하는 것이다

복식부기(複式簿記), 신(神)의 가계부(家計簿)
사개치부책(四介置簿册)

벼슬을 하는 것은 수치다
세도가의 소작농이 되는 것은 치욕이다
차라리 천대받던 상인(商人)이 되었다

상식(常識)을 파괴한 장돌뱅이
단식 아닌 복식회계장부
무려 200년을 앞선
입이 다물어지지 않는

복식부기(複式簿記)…
신(神)의 가계부(家計簿)
사개치부책(四介置簿册)

가외성(Redundancy)

낭비, 필요 없는 것
다툼이 생기는 것, 분열 조장
고인 물이 썩고
견제 없는 권력은 부패한다
조직을 지키는 마지막 힘
권력을 나누어 부패를 막는 안전장치

신이 선택한 보험
가외성

지속 가능한 성장
인위적인 경제정책
물가 상승 때문에 투자를 해야 하는데
단지, 보관하였는데 매우 안전하다

신이 선택한 보험
가외성

중첩, 중복
능률의 상반된 길
경제성을 생각하면 능률성은 필수
가외성은 반대의 길
존재 자체가 모순

하지만
정치, 행정, 경제 등

모두에게 완벽한 답이 된다
하나를 없는 셈 쳤는데
모든 것이 안전하다

신이 선택한 마지막 보험
가외성

버린 것 기타의 것 겹치는 것
견제와 균형으로 조직을 지킨다
스페어타이어
김장김치 같아
항시 든든하다
위기가 도래할 때 더욱 빛나는 보석

신이 선택한 마지막 보험
가외성

100에서 하나를 빼면 99
되어야 하는데
천(千)이 되고 만(萬)이 되는 잠재력
그 하나로 99를 온전히 지키는 기적
말로 형언 불가능한 신의 계산법

신이 선택한 보험
가외성(Redundancy)

첨바왐바(Chumbawamba)

대중음악(大衆音樂)을 천시하는 사람들이 있다
신(神)이 열광할 땐 이유가 있다

첨바왐바
어떠한가?
천시할 수 있는가?

사회운동, 평화, 평등, 노동운동
어떤 사상가 보다 강한 메아리를 받은
신(神)의 노래
텁썸핑

민초(民草)
풀은 바람이 불면 납작 엎드렸다 다시 일어난다
풀은 엎드리는 것을 개의치 않는다
풀의 하심(下心)
텁썸핑

풀은 수없이 밟혀도 쉬이 죽지 않는다
풀은 고난을 담담히 받고
처절하게 살아남는다
풀의 노래
텁썸핑(Tubthumping)

대중음악을 천시하는 그대여
그대들은 신을 춤추고 노래하게 할 수 있는가?

신(神)이 춤추고 노래한
신(神)의 슬픔을 달래 준
텁썸핑

큰 권력에 얼음물을 끼얹은
신(神)이 감동한 용기
첨바왐바

행동하는 진정한 아티스트(Artist)
신(神)이 사랑한 밴드(Band)
첨바왐바(Chumbawamba)

귀족노조(貴族勞組)

노동(勞動)은 신성불가침(神聖不可侵)
노조를 향하는 칼은 무디고 자애(慈愛)로워야 한다

노사협상 여러 조항
그중
퇴직자 직계 자녀 우선 채용
이 부분을 어찌 해석해야 하는지…

로스쿨, 각종 특별채용
돈과 권력의 세습(世襲)

현대판 음서(蔭敍)라면서
그대들이 하는 것은 또 다른 음서 아닌가?

흙수저 금수저
그대들은?
그대들의 자녀들은?

일제강점기에 노동운동은
독립운동으로 승화되었고
독재시대의 노동운동은
민주화운동으로 승화되었다

이 땅에서 도덕성이 높아야 하는
노동운동마저 이렇게 변질된다면
국민들은 도대체 누구의 목소리에
귀를 기울여야 할까요?

국민들은 누구를 믿고 의지해야 할까요?
결국, 없습니까?

국민은 바보가 아닙니다.
역린은 건들지 말았어야 했습니다.
귀족노조

그대들이 말하는 진보 그리고 정의
대물림이었나요?

정말 좋은 직업이 아니면
부모는 자녀가 자신과 같은 직업
같은 것을 바라지 않지요
자신들과 같은 고생을 하지 말라고…
도대체 얼마나 괜찮은 직업이기에 대물림 얘기가 나오나요?

그만하시지요
도덕적 우위 없는 선동, 명분 없는 투쟁
국민의 응원 없는 노동운동
무의미(無意味)
그 이상 그 이하도 아니지요
귀족노조

그래도 노동(勞動)은 신성불가침(神聖不可侵)
노조를 향하는 칼은 무디고 자애(慈愛)로워야 한다

두려운 마음

우리 부부는 금슬이 좋은 편이다
하지만, 부부싸움은 연례행사

첫째 둘째는 울고 화낸다
막내는 말이 없다
되돌아보니, 그 침묵이 가장 두렵다

첫째 둘째
칼로 물 베기임을 안다
활동이 끝난 사화산(死火山)
막내는 시뻘건 마그마가 내재된
휴화산(休火山) 아닌 활화산(活火山)
언제 어떤 방식으로 터질지 모른다

그 화, 그 분노, 그 침묵
나를 향하는 것은 괜찮다
언젠가 이해하리라

그 화, 그 분노, 그 침묵
다른 곳을 향해도 나쁘지 않다
난 우리 아이를 믿는다
그 화, 그 분노, 그 침묵
막내 스스로를 겨눌까
두렵고 두렵다

부모

절대 가치
자신의 행복
부모는 이기적이다
아이들이 건강하고 행복해야
부모는 행복하다

부모가 조금 아프고 슬프더라도
그렇게 부모는 조금 이기적이다

부모는 많이 아프고 슬프더라도
그렇게 부모는 많이 이기적이다

아이들은 부모의 이기심 안에서
평화롭고 자유롭다

그 평화(平和), 그 자유(自由)
대물림된다

학습은 무섭다
그렇게
아이는 이기적이게 된다
아프고 슬픈 행복

그렇게 아이는 부모가 된다

백면서생(白面書生)

백면(白面)
다른 의미의 고생

서생
학문이 일정 수준에 오름

뜻한 학문을 일부 이루고
세상에 내딛는 첫발

그 뜻
태산을 삼키고 바다를 벗 삼아 하늘에 이른다

그 기개
푸르고 푸르러 후광이 세상을 빛으로 가득하다

세상 이치를 책으로 미리 아는
책과 현실은 괴리가…

당황해도 방황해도
흔들리고 쓰러져도

젊음이 있기에
초심(初心)
지키고 지키면
이상(理想)을 현실(現實)로

그렇게 무서운 가능성
무시무시한 잠재력
백면서생

적당히 얼굴에 때가 묻고
때가 되면 책(册)을 넘어서는
백면서생

때 중 으뜸은 사랑이니
사랑하니 기쁜 슬픔이여
사랑하니 천(賤)한 귀(貴)함이여

이성 간의 사랑
그때만 잘 입히면
7부 능선은 넘는다
백면서생(白面書生)

지금은 그를
모두 다 비웃을 수 있으나

훗날 그는
그 모두의 웃음을 결정할지 모른다

백면서생(白面書生)

보람

소방 안전 교육
막내 어린이집 요청으로, 5살 막내 친구 아이들을 교육하였다
최선을 다했지만, 아이들이 어려서 물음표 있었던 교육
잊고 있었는데

막내가 8살 되던 봄
어린이집 졸업식
마지막에 아이들 영상을 보여 주는데
아이들 스케치북에 꿈을 그린 영상
유독, 남자 아이들 꿈에 소방관이 많았다

물론 내 교육의 영향이라고 믿진 않는다
하지만 그날 교육이 나쁘지 않았다는
아이들의 답(答)이었다. 내게는

난 감동했고, 앞이 뿌예지더니 흘리고 말았다
아내 몰래 훔친 눈물, 보람이었다

보람을 먼 곳에서 찾으려 할 땐
아득한 별과 같더니
가까운 곳에서 찾으니
공기(空氣)처럼 차고 넘치는구나

한단지몽(邯鄲之夢)

나이 40이 넘으니
별로 부러운 것이 없는데
딱히 내세울 것도 없다

부럽던 왕후장상(王侯將相)이나 나나 싶더니
비웃던 하루살이나 나나 싶구나

마음이 급해진다
찾아야 한다
어디로 가야 할지

일단 방향을 알아야
가든지 말든지
마음만 급해진다
마음이 느긋해질까 두렵다

마음마저 느긋해지면 어쩌나?
에라 모르겠다

에휴, 하루살이나 나나
길을 못 찾긴 마찬가지
너나 나나
같은 꿈을 꾸나 보다

.

젊은 날의 고생

젊어 고생은 사서도 한다
어린 나의 마음에 들어온 글귀

실천하였다
돌아온 것 고생
결국 고생만…

고비용 저효율
큰 투자 작은 결과
그 글귀
마음에서 지웠다

불혹(不惑)을 넘어서니
그 글귀가 감사하다

지족(知足)
만족을 배웠구나
뱀 대가리가 용 꼬리보다 좋았다
그 두 가지로 충분히 감사하다

욕심
끝이 없고
그 물에 발만 조금 담그니
나쁘지 않았다

욕심의 끝
결국 패배
전승(全勝)을 하여도
답은 패배(敗北)

그 늪에서 허우적거리지 않아
다행이다

젊어 고생
사서 할 가치가 있구나

늙어서는 못하는
때가 있는 하늘의 가르침
젊은 날의 고생

죽음

전엔 아득히 먼일
마치 별처럼 멀었는데

불혹(不惑)을 넘어서니 다르네
마치 저기 저 산 정도?

주변에 하나둘 떠나고
있던 이가 돌연 없다

있다 혹은 없다
중간(中間)은 없구나

이리도 짧거늘
난 왜 그리 집착했는가?
지금까지도 놓지 못하고

욕심(欲心), 헛된 욕망(欲望)
다 부질없는데
죽음 앞에선

이젠 다른 삶을 살고 싶은데
내가 지금 하는 것이 맞을까?

이도 저도 아닌
경계(境界)에서 갈팡질팡

이러지도 저러지도 못하는
나는 맞는 것일까?

얼마나 남았는지 모르는 남은 인생
무엇을 해야 하며
무엇을 하지 말아야 하는가?

죽음 앞에
선(善) 그리고 악(惡)
모두 물음표

그동안
삶을 붓 삼아
어디에 썼으며
도대체 무엇을 적었는가?

앞으로
죽음을 종이 삼아
무엇으로 쓸 것이며
무엇을 적는단 말인가?

나는

과공비례(過恭非禮)
무슨 말인가 했더니
나는

조직(組織) 생활을 해 보니
가운데가 제일이더라
줄을 서도 가운데
자리도 가운데
허나, 태생적으로 중간에 못 있는 사람이 있다
나도 그런 것 같다

난 사람을 처음 대할 때
매우 공손한 편이다
바꿔 말하면, 나는 쉬운 사람이다
경험해 보니 무시하는 사람, 반드시 있더라
쉽게 여기고 함부로 대한다

해서, 어려운 사람이 되어 보았다
사람들에게 손가락질 받고
외톨이가 되는데
차라리 난 이 길이 더 편했다

사람들과 함께 있어도
무시당하면 어차피 외톨이

더 외롭더라

어차피 중간이 못 된다면

앞으로도 난 주저 없이 어려운 사람이 되리라

나는

무시당하다

제자리로 오려면 너무나 어렵다

어려운 사람에서

제자리로 오는 것은 일도 아니더라

나는

난 언제나 같은 자리

남들이 뭐라 해도 무엇이 두려울까?

어차피 시간이 지나면

진실은 수면 위로 떠오른다

진심은 통한다. 언젠간 반드시

잠시 오해받는 것

억울할 것도 분할 것도 없더라

나는

어차피 중간(中間)이 못 된다면

앞으로도 주저 없이 어려운 사람이 되리라

나는

친구

친구가 많다는 사람이 있다
생각해 볼 문제이다
그대는 친구가 많은가?
그대는 친구를 어떻게 정의하는가?
나이가 같고 친한 사람?
전엔 나도 그렇게 정의하였다
하지만 이는 좁은 의미의 친구

좁은 의미의 친구도 반드시 필요하다
인생사, 상하 관계 속에 그나마 동등한 관계
같은 과정을 함께하며 경쟁하고 싸운다
위로하고 아낀다
그렇게 같이 성장한다

때가 되면 변한다
누구의 잘못도 아니다
각자의 길이 있다
인생에 영원한 것이 있는가?
그것 또한 큰 배움
친구의 우정이 예전 같지 않다?
당연한 순리(順理)
이제 그만 놓으세요
더 큰길로 가지 못해요
그렇게 갇히면

가족 빼고 누군가 그대의 죽음
진정 슬퍼한다면
참 훌륭한 인생
맞는 것 같다

나에게
넓은 의미의 친구
나이도 상관없고 가족이어도 된다
그렇게 넓혀야 진짜 친구 몇 생기는구나
그것이면 되었다

나이 같은 그냥 친구
몸이 스쳐갔던 친구
나이와 상관없이 소중했던 친구
마음이 스쳐갔던 친구

가족이란 이름의 친구
나처럼 나만큼 나보다
소중한 친구

좁은 의미의 친구
넓은 의미의 친구

폭주 기관차(Runaway Train)

멈추지 않는 폭주 기관차
난 여기서 멈춰야겠다

주변에 부자(富者)가 많다
솔직히 부러웠다

자본주의 사회
돈은 권력이고
돈은 힘이니까
돈은 편하니까

멈추지 않는 폭주 기관차
난 여기서 멈춰야겠다

동경(憧憬)하기까지 한 듯싶다
어느 날 생각이 바뀌었다

부자 그들을 만나 보니
비싼 동네 비싼 아파트 비싼 물건
모두 가진 부자 그들
깊은 대화를 나눌수록

멈추지 않는 폭주 기관차(Runaway Train)
난 여기서 멈춰야겠다

갇혀 있는 사람이 많았다

심지어

비싼 동네를 벗어나면 패배자라더라

비싼 아파트 알량한 자존심

사람이 비싸야지 그깟 아파트?

가진 물건은 비싼데

생각이 너무 싸다

멈추지 않는 폭주 기관차

난 여기서 멈춰야겠다

가진 욕심 끝이 없고

달달거리는

돈을 중시하고 사람은 뒷전

하나도 부럽지 않다

그것이 부자의 실체라면

멈추지 않는 폭주 기관차

난 여기서 멈춰야겠다

일단, 사람이 되고 무엇이 되라는 말씀

무슨 말인가 했더니

멈추지 않는 폭주 기관차(Runaway Train)

난 여기서 멈춰야겠다

대학로 거리의 악사

대학로 마로니에 공원
야외(野外) 소극장(小劇場)

아무도 없는 객석
한 중년의 악사가 노래한다
지나가는 행인
나처럼 벤치에 앉아 쉬는 사람 몇
여긴 아직 이른 아침

무엇을 관객 삼아 노래를 부르나?
이곳 아침 공기에 취해 노래 부르나?

아침 햇살이 여기 공기에 산란되어 만든 빛나는 조명
대학로 특유의 분위기가 무대
마이크는 어울리지 않는 기계음

노래가 너무 좋다
혼자 듣기 아까울 만큼

고음 저음 모두 좋다
락(Rock) 그리고 발라드 장르도 넘나드는 장인
노래 장인(匠人)

무엇을 관객 삼아 노래 부르나?
이곳 아침 공기에 취해 노래 부르나?

몇 곡 기타 치며 부르다
돌연 기타를 매고 사라지는 뒷모습
멋있다
진정한 아티스트 (Artist)

무엇을 관객 삼아 노래 불렀나
이곳 아침 공기에 취해 노래 불렀나

무슨 의미가 있냐?
누군가 묻는다면
대학로를 대학로답게
그리고
내 가슴에 들어와
이렇듯 시(詩)가 되었다
말하리

무엇을 관객 삼아 노래를 불렀나
여기 아침 공기에 취해 노래를 불렀나

반지(Ring)

지하철 동대문역
멍하니 앉아 있는 사내

남루한 옷
정돈 안 된 긴 머리

윗도리 추리닝
아랫도리 청바지

피곤한 듯한 초췌한 얼굴
기름기 하나 없는 피부

오른손 오래된 빛이 바랜 시계
왼손 무명지(無名指) 얇은 금반지

연인이 있다는 의미
결혼한 사람일지도 모른다
아이가 있을지도…

갑자기 손가락 네 번째 반지
얇디얇은 반지 하나

사람을 바꾼다
모든 생각을 뒤집는다

사랑하고 사랑하는 사람
모든 초라함이 아름답게 빛난다

남루함이 검소함으로
초라함이 성실함으로
그렇게 승화(昇華)된다

사랑하고 사랑받는 사람
모든 초라함이 아름답게 빛난다

남루함이 감소함으로
초라함이 성신함으로
그렇게 승화(昇華)된다

갑자기 손가락 네 번째 반지
얇디얇은 반지 하나

사람을 바꾼다
모든 생각을 뒤집는다

얇디얇은 반지 하나

청춘(靑春)

모든 것이 푸른 봄날
십대 후반(後半) 그리고 이십대

젊음은 힘이니까
젊음은 아름다우니까

노인이 된 부자든 누구든 어떤 이든
가장 부러워할 이름 청춘

청춘은 비를 맞아도 이쁘고
눈을 맞으면 빛난다

청춘은 가난해도 아름답고
배고파서 눈부시다

청춘은 아파도 별이고
목마르면 태양이다

젊은 그대여 젊음을 흠뻑 즐기소서
광장(廣場)으로 나아가
젊음을 기뻐하시고 자랑하소서

놀기도 가장 좋고 공부하기도 가장 좋은
일하기도 가장 좋고 사랑하기도 가장 좋은

그 빛나는 청춘(靑春)을 아낌없이 쓰소서
그 눈부신 청춘(靑春)을 아끼고 아끼소서

감히 돈 따위로 환산 불가능한 가치(價値)
무엇과 견주어도 아름다운 기운(氣運)

청춘이란 이유 하나로도 이미 많이 가진 아름다운 그대여
청춘을 스스로 가꾸고 지켜서 봄날의 꽃길로 가소서

젊음은 힘이니까
젊음은 아름다우니까

나와의 투쟁

물론
남을 함부로 믿지 않는다
더해
난 나를 많이는 믿지 않는다
슬프지만 그렇다
나와의 투쟁(鬪爭)

나의 어머니
나의 아내
나의 아이들
모두 믿는데
그것보다
난 나를 많이는 믿지 않는다
슬프지만 그렇다
나와의 전쟁(戰爭)

내 생각이 적이 될까
두렵고 두렵다
답(答)이 없고
가장 무서운
내부(內部)의 가장 큰 적(敵)
내 스스로의 반란(叛亂)
난 나를 많이는 믿지 않는다

슬프지만 그렇다

나와의 싸움

하지만 이런 투쟁으로

난 오늘도 길로 걷고 있다

나를 믿으면 방심하면

난 끝날지 모른다

그래서

난 나를 많이는 믿지 않는다

슬프지만 그렇다

나와의 투쟁(鬪爭)

지피지기(知彼知己)

내 안의 적(敵)

내 자신을 너무 잘 아는 것인가?

기우(杞憂)인가?

아무튼 지피지기 백전백승(知彼知己 百戰百勝)

난 그렇게 해피엔딩을 꿈꾼다

난 나를 많이는 믿지 않는다

슬프지만 그렇다

나와의 투쟁(鬪爭)

그대여

그대는 그대를 믿으시나요?

해로(偕老)

어려운 일이 생기고
그렇게 아내와 함께 걱정과 근심이 생기고
세상사 두려움이 찾아오니
그렇게 아내와 함께 두려움을 멀리 쫓아 버리는

아이가 병이 들면
그렇게 아내와 함께 아이를 돌보며 슬픔에 빠져들고
부모님이 아픔에 잠드시면
그렇게 아내와 함께 슬픔에 잠 못 드는

아무리 높은 벽이 있다한들
그렇게 아내와 함께 그 어떤 벽도 넘어선다
이렇게 고맙고 감사한 동행(同行)
그렇게 아내와 함께 살아 다행이다

그 은혜가 차고 넘치니
그렇게 아내와 함께 해로(偕老)를 꿈꾼다

여보
걱정 마
난 생각보다 강하다
난 지금껏 해왔던 것처럼 잘 해낼 것이다
그렇게 아내와 함께 해로(偕老)할 것이다

그렇게 아내와 함께 늙을 것이다.

구렁이

사람이 보고 싶었는데
사람이 아닌 욕심이 서 있구나

사람에게 연락이 와 기쁘게 전화를 받았더니
늙은 구렁이의 혀 날름거리는 소리
사람 목소리가 그리워 수화기를 들었는데
수화기 너머로 들리는 개의 으르렁거림

사람과 술을 먹고 싶었는데
애매한 녀석이 술을 기울이는

내가 사람 복(福)이 없는 건지
사람 보는 눈이 없는 건지

단지 사람과 함께하고자 하였는데
어찌 나는 이리도 한참을 혼자인지
내 감히 신(神)을 보고자 하지 아니하였는데
그냥 사람 하나 보기가 이리도 어려운지

여기저기 이리도 사람이 많은데
나는 왜 이리도 애타게 사람을 찾는가?

내가 사람 복(福)이 없는 건지
사람 보는 눈이 없는 건지

혼자 우는 웃음

최면(催眠)

욕심은 화(禍)를 부른다
욕심은 귀를 닫게 하고
눈을 멀게 한다
욕심은 불타는 생각에 기름을 붓는다
세상에 공짜는 없다
쉽게 얻는 것은 쉽게 잃는다
더 가진 것이 큰 화를 부를 수 있다

내가 욕심이다 싶을 때
항상 되뇌고 되뇌는 글귀
경계하고 근심하여야 한다
아이 셋을 키우는 부모가 되어 보니
모든 발걸음이 조심스럽다

지금도 이렇게 난 최면을 건다
이 시(詩)가 나를 지키리라
이 시(詩)가 나의 인생을 바른길로 안내하리라

이렇게 나는 시(詩)를 통해 많은 화를 피하고
스스로 위로하며
다시금 마음을 다잡고
지금 이 순간 바른 길로 걷고 있음이
온몸 세포와 각성(覺性)으로 인지한다

모든 것이 다행이다
많은 것이 감사하다

난 지금도 이렇게 솜사탕같이 행복한 마음으로
가슴 가득 진한 떨림과 설렘으로
감동으로 시(詩)를 새긴다

욕심에 갇혀서 일을 그르친 주변에 많은 이들을 보았다
내 삶도 그들과 같은 실수를 반복하였다
이 욕심이 천우신조 기회일 수 있으나
이런 기회라도 욕심이라 생각되면
취하지 않는 것이 대로라고 믿는다
천우신조는 많은 위험이 동반하기에
겨우 부자 따위가 되려고 아이 셋을 업고 아내와
그 가시밭길을 가겠는가?
가난할지라도 아이 셋을 재우고
큰 대자로 누워 아내와 잠을 청하리
이렇게 이번 선택이
기회를 놓친 것이라 해도 마음이 한없이 가볍고 뭉클하구나

지금 이렇게 난 최면(催眠)을 건다
이 시(詩)가 나를 지키리라
이 시(詩)가 나의 인생(人生)을 바른길로 안내하리라

화이트 라이(White Lie)

한쪽은 알고 또 다른 한쪽은 모르는
다른 쪽 아닌 같은 쪽인데 또 다른 한쪽

한쪽은 손해 보고 다른 한쪽은 이득이 생기는
다른 쪽 아닌 같은 쪽에 또 다른 한쪽

한쪽은 아픈데 행복하고 또 다른 한쪽은 덜 아프고 행복한
다른 쪽 아닌 같은 쪽에 또 다른 한쪽

또 다른 한쪽이 바로 알게 되면 실패하는
한쪽이 그렇게 되지 말라고 기도하는

또 다른 한쪽이 뒤에 알게 되면 기쁜데 슬픈
한쪽이 그렇게 바라는 인간의 착한 거짓말

또 다른 한쪽이 먼 훗날 알든 모르든
감동으로 빛으로
눈물이 되는
한쪽은 그렇게 아름다운 신의 거짓말을 남기는

거짓말 아닌 거짓말
화이트 라이(White Lie)

상대평가(相對評價)

마녀가 거울에게 묻는다
세상에서 누가 제일 예쁘냐고

마녀가 백설 공주를 죽이려 한 이유
승자 독식

일인자가 다 가지는 세상

인생(人生)
상대평가(相對評價)인가?
절대평가(絕代評價)인가?

중도(中道)
유(有) 그리고 무(無)
있다 없다의 영역 빼고

전부 상대평가이지 싶다

어린 독수리여 발톱을 숨겨라
어린 호랑이여 이빨을 감춰라

훗날
날고 싶다면…
포효(咆哮)하려면…

천상천하 유아독존(天上天下 唯我獨尊)

태어나시자마자
천상천하 유아독존(天上天下 唯我獨尊)
오직 내가 홀로 귀하다
아무리 석가모니시지만
너무한다 싶었다

다르게 해석해야 한다
내가 우주(宇宙)이다
우주(宇宙)가 나다

천상천하 유아독존
오직 내가 홀로 귀하다
진짜 나와의 만남

생명의 절대적 가치
본디 내 자리

첫말
이것이 전부

고통 안에 갇힌 감옥(監獄)
아는 즉시 풀려나는 자유(自由)

천상천하 유아독존
오직 내가 홀로 귀하다
진짜 나와의 만남

글자 그대로 놓고 보려면
몸을 물에 던져야 하고
기술하여 책으로 쓰려면
무려 만권(萬卷)

천상천하 유아독존
오직 내가 홀로 귀하다
진짜 나와의 만남

천상천하 유아독존
내가 있는 문(門) 안에 들어가는 것은
어렵고 어려우나
내가 있는 문(門)을 보는 것
가능하다

천상천하 유아독존(天上天下 唯我獨尊)
오직 내가 홀로 귀하다

오직 나만 바라보는…
진짜 나와의 만남

엄청난 이력(履歷)

대한민국 국군 병장 만기전역
참 별거 아니라 할지라도
나에겐 엄청난 이력
많은 이들이 병장 만기 전역을 하지만
못하는 이들도 있기에 감사한 일이다

군 입대를 앞두고 무겁고 막막했으며
앞이 깜깜했는데, 그 예감은 틀리지 않았다
아니, 군 생활은 예감 그 이상

난 누구 못지않게 힘들었기에
수없이 많은 과정 그리고
전역하는 날을 잊지 못한다
내가 대견하다

돈을 번 것도 아닌데, 숙식을 해결한 것도 자립이요
내가 자랑스럽다
군인 아저씨가 되었고
그렇게 성인(成人)으로 인정받았다

남들 다 했는데
나도 한 것이 정말 다행이다
나의 첫 번째 직업
대한민국(大韓民國) 군인(軍人)
엄청난 이력(履歷)

하얀 탈

섬세한 하얀 탈
아름다운 하얀 탈
여자

여자를 아프게 하지 마소서
그 부드러움 뒤에 매서운 칼날

부드러움을 찢지 마소서
찢기는 메아리 천지(天地)를 깨우네

여자를 예뻐하고 사랑하소서
그 수줍은 미소 속
셀 수 없는 감정들의 보답

울어야 하는데 웃고
웃어야 하는데 우는
약한 듯 너무 강한

육신(肉身)으로 윽박지르다 쓰러지는 남자
정신(精神)으로 웅크리다 똑바로 서는 여자

아름다운 하얀 탈
섬세한 하얀 탈
여자

공수래공수거(空手來空手去)

빈손으로 와서 빈손으로 간다
돌아보니
여기에 올 때 가져온 것이 없었는데
무엇을 가져간단 말인가?
내 것인 줄 알았는데 아니구나
어쩌면 도둑이 나로구나

돈이 무엇이냐?
권력은 무엇이냐?
죽음 앞에서니 가져갈 것 하나 없네
빈손으로 와서 빈손으로 가는구나

다시 보니
가져온 것이 하나 있다
가져갈 것이 하나 있다
마음

이제 보니
공수래공수거(空手來空手去) 아니구나…
여기 올 때 마음 하나 가졌으니
살 때도 갈 때도
잘 지켜서 가야겠다
마음

실수(失手)

이상하게
실수는 반복된다

생각을 적게 하고 움직이면
실수는 저절로 따라온다
생각을 많이 하고 움직이면
실수가 줄어든다

빠질 수밖에 없는 함정
수많은 경험에 의해
덫은 반드시 지나가야 하는 길목에 놓이기에
아무리 조심해도
그렇게 실수는 반복된다

타산지석(他山之石)
미리 실수한 이들을 보고
같은 실수를 피하게 하는

욕심(欲心)이 눈을 가리며
탐욕(貪慾)에 귀가 먹는다

자연스레
매번 그렇게 실수는 반복된다

돈의 양면(兩面)

돈을 버는 것
돈을 쓰는 것
둘 다 행복이고 불행이다

돈이 생기니 즐겁다
돈을 버는 것이 고통이다

무엇을 사니 즐겁다
돈이 줄어드니 고통(苦痛)이다

돈이 없으면 죽을 수도
돈이 없으면 표적(標的)이 된다

돈이 있으면 죽을 수도
돈이 있으면 표적(標的)이 된다

돈이 없으면 살 수도
돈이 없으면 표적이 되지 않는다

돈이 있으면 살 수도
돈이 있으면 표적이 되지 않는다

돈을 버는 것
돈을 쓰는 것

둘 다 행복(幸福)이고 불행(不幸)이다

갈등(葛藤)

지금 여기
갈등(葛藤)이 재해석되는 이유

문명이 없다면 가치가 작다
문명이 희미할 때는 가치가 작다
문명이 선명한 만큼 갈등의 가치는 높아진다

억압과 감금, 자유롭지 않은 것
본능에 충실하지 못하게 하는 장치

억압과 감금에 대한 저항
자유가 아닌데 자유라 하는 것에 대한 저항
본능에 충실하지 못하게 하는 장치에 대한 저항

남북 갈등 상생으로 승화될 수 있다
동서 갈등 상생으로 승화될 수 있다

남녀 갈등 너무 없어도 문제
세대 갈등 너무 없어도 문제

가면을 벗고, 거추장스러운 옷을 던지고
원래의 민낯, 벌거벗은 몸으로 돌아가는

지금 여기
갈등(葛藤)이 재해석되는 이유

인생(人生)이란 주기(週期)

오르고 내리는 곡선
직선(直線) 아닌 곡선(曲線)

가장 높을 때만 기억하기 쉬운 착시
올라간 것은 내려오고 내려간 것은 올라가는

간다고 끝이 아니고 다시 제자리로 돌아오는
침 뱉고 떠난 우물을 다시 반갑게 만나 목을 축이는

올라갔다 해서 웃지 마오
곧 내려간다오

내려갔다 해서 울지 마오
곧 올라간다오

올라가는 것도 내려가는 것도
인지하기 어려운 곡선

직선 아닌 곡선
직선 같은 곡선

지구보다 크고 커서
직선(直線)으로 보이는 곡선(曲線)
직선 아닌 곡선
인생(人生)이란 주기(週期)

물 같은 돈

돈은 물과 같아
모으는 것보다 쓰는 것이 중요하구나

댐을 세워 물길을 막았으니
물이 많고 많네
조금 열린 수문으로 새는 것이
아깝고 아까워서 보다 못해
수문(水門)을 모두 닫았더니
물이 차고 넘치더니
물이 너무 많아
결국 댐이 무너지네

웅덩이의 물이 쓰기가 아까워 놔두었더니
어느 날 물이 없다
증발을 몰랐구나

물을 물통에 모아 놓고
아까워 못 썼는데
어느 날 살펴보니
물이 다 썩었더라
썩은 물이 너무도 아까워
먹었더니 탈이 나네

물이 아까워서 아무도 안 주었는데
내 병이 생겨 지금 죽는구나
저 귀한 물을 저승에 가져갈 길이 없네
내 물이 영원한 줄 알았건만 저승에 가려 하니
천하디 천한 욕심(慾心)이로구나

물을 두 손으로 받았는데
많이 받으려고 손가락을 펼쳤는데
먹으려 하니 물이 하나 없네

계곡물을 돌로 막아서서
물이 조금 쌓이는데
돌에 틈이 너무 많아
물이 많지 않네

비가 내릴 때는 상관이 없었는데
비가 내리지 아니하니
조금 쌓인 물이라
금세 마르더라

돈은 물과 같아
모으는 것 보다 쓰는 것이 중요하구나

인생지사(人生之事)

결과(結果)인 것 같았는데
결국 과정(過程)이로구나
무엇이 되는 것이 아니구나
어떻게 살았느냐구나

급하게 얻은 것
얻어도 얻은 것이 아니구나
급하게 잃을 뿐

온전히 가져가리
빌리지 않은 본디 내 것

가꾸고 닦을 것이 본디 마음뿐이라
육신은 어차피 잠시 인연으로 빌리는 것

목욕하고 화장이 급하지 아니하네
마음을 물을 뿌리고 분칠을 해 보련다

만들고 사라지는 것이 아닌
있는 그대로 그 자체
마음

결과(結果)인 것 같았는데
결국 과정(過程)이로구나

인생지사(人生之事)…

특수성(特殊性)

초년기에 안 좋은 일이 여럿 있어
많은 아픔에 한동안 웃지 못했다
허나, 비교적 담담히 받아들였다

내 부모님을 원망하지 않았다
나도 부모가 되어 보니
어쨌든 각자의 삶이 있다
숙명에 가까운 각자의 길은 쉬이 바뀌지 않더라

내 인연(因緣)이 부족하여
부모님이 나로 인해 바뀌지 않았으니
나의 부덕(不德)이지 싶다

일반화(一般化)할 수 없는 일이니
이는 나의 특수성(特殊性)이리라

나의 아이들은 차고 넘치는 인연이라
우리 아이들이 나를 바꾼다
이 모든 것이 아이들 덕이다

내 부덕함으로 부모님의 인생을 바꾸지 못했으니
많은 부분 나의 잘못이지 싶다

일반화할 수 없는 일
이는 나의 특수성(特殊性)이리라

민간요법(民間療法)

봄비가 내리면
다음 날부터 날이 녹아든다
여름비가 내리면
다음 날부터 날이 더 더워진다
가을비가 내리면
다음 날부터 날이 선선하다
겨울비가 내리면
다음 날부터 날이 더 추워진다
눈이 내리면
그 날은 비교적 덜 춥다

오랜 세월의 경험
틀리지 않다
미신이니 뭐니 무시하면
낭패를 보는 현대 과학

고도로 발달된 현대 문명
그 위에
아직도 다 풀지 못한 숙제

신(神)의 경험(經驗)
민간요법(民間療法)

봄비가 오면 봄이 오고

여름비가 오면 여름이 오는

가을비가 오면 가을이 오고

겨울비가 오면 겨울이 오는

눈이 내리면 겨울이 아름다운

고도로 발달된 현대 문명

그 위에

아직도 다 풀지 못한 숙제

신(神)의 경험(經驗)

민간요법(民間療法)

봄비 내리니 봄의 정취가 천지이고

여름비 내리니 여름이 여름 같은

가을비 내리니 가을 하늘이 깊어지는

겨울비 내리니 겨울이 겨울 같은

눈이 내리니 눈이 정화되는

고도로 발달된 현대문명

그 위에

아직도 다 풀지 못한 숙제

신(神)의 경험(經驗)

민간요법(民間療法)

가시밭길

유선방송(有線放送)
영화 다시보기를 찾아보니
영화가 너무 많다
흥행에 성공한 영화를 찾으니
얼마 되지 않는다
성공 비율이 너무 낮다

그나마 다시보기에 있는 것
망해도 망하지 않은 영화

정말 힘든 길
가시밭길

가시밭길 가는 이가 많고 많아
그렇게 꿈을 꾸는 이가 많고 많아
노력하고 손해 본 사람이 많고 많아
건지게 되는 몇 안 되는 명작

흥행이 꼭 좋은 작품은 아니지만
흥행에는 이유가 있다
반드시…

흥행과 좋은 작품 만난다면
사람을 바꾸는 힘
세상을 바꾸는 힘

영화 보는 비용
100분 내외에 만 원 정도
아깝지 않구나
오히려 싸구나

좋은 영화 꿈꾸는 예술가(藝術家)
세상을 밝게 하려는 혁명가(革命家)
돈이 아닌 예술을 꿈꾸는 아티스트(Artist)

그들이
배곯지 않기를 빌어 본다

정말 힘든 길
가시밭길…

B급 영화

별이 몇 개 없다
작품성을 인정 못 받은
헌데, 입소문이 좋다

가서 보았더니
역시나 가려운 곳은 긁어 주는
시원함

당당함 이것이 작품성
별이 꽉 찬

예술을 포장하지 않은 포장
완벽해
그런 틈을 보았구나

싸 보이는데 싸지 않고
싼데 싸지 않은
그런 값진 영화

어떤 가식도
사기도 없는

희소성의 가치가 넘치는
B급 아닌 B급 영화

아킬레스건

호랑이가 사냥할 때 그리고 싸울 때
약점을 집요하게 물고 늘어진다

생(生) 그리고 사(死)
여기에 달렸기에

큰 강자도 아킬레스건이 있다
적의 아킬레스건을 끊으면 이긴다
절대 이길 수 없을 것 같았던 강자

전범 국가
많은 도덕적 결함
명분이 없는 나라
침략으로 헤게모니(Hegemony)가 무너진 나라

아직 진행 중인 현재 진행형
두려워하는 소녀의 시선(視線)
소녀상은 아킬레스건

나라를 뺏기고
죽고 다치고 핍박받은 우리
우리는 어떻게 기록할 것인가

이만 끝내고 싶겠지만
우린 아니지
너희의 아킬레스건

짝꿍

막내 아이 교실 앞 아이를 기다리다
창 너머로 수업을 보았다
우리 아이만 보인다
그때 한 아이가 더 보인다

우리 아이의 짝꿍
여자아이 예쁘다
야무져 보이고 수업에도 열심이다
다행이다

우리 아이
이렇게 좋은 짝꿍을 만나서

누구와의 비교가 아니다
창문 시야는 좁고
다른 아이들을 볼 여력도 없다

잠시 스치는 인연
짝꿍도 이러한데

훗날
우리 아이의 배우자
어떤 느낌일까?

내가 눈 감을 때
우리 아이 옆에
좋은 짝꿍 있다면

그 어떤 욕심도 들어올 수 없다
그저 감사하고
감사한 일

마냥 다행인 순간
미소를 머금은
마지막 안심(安心)

요물(妖物)

돈이란 놈
요물은 요물이야
너무 없어도 고통
너무 있어도 고통

난 이상하게도
돈이 생기면 즐거운데 힘들다
돈을 가지면 찾아오는 고통(苦痛)
차라리 없는 것이 복(福)일지도

내 분수에 맞지 않는 돈
똥이었다
나에겐

돈은 자석 같아
돈에 돈이 붙는다
돈은 똥 같아
똥파리가 꼬인다

근심 그리고 걱정
짐 덩어리
자석인지 똥인지

난 여기서 멈추려 한다
만족하고

내 그릇이 작아
돈을 많이 담지 못할 운명인 게야
난 돈이 많지 않지만
조금 더 생기는 것도 달갑지 않다
나만 그런가?

부자들 대단하다
아니 이 태산 같은 똥을 이고 어떻게 사나?

다들 지옥에 들어가려
줄 서서 아귀 싸움을 하는 듯

난 그리 보인다

왜 다들 지옥(地獄)에 가려
아등바등

부자(富者)가 이젠 부럽지 않다
난 정말 그릇이 작아

너무 없는 것은 나도 싫지만
큰돈을 관리할 자신도 없고
가지고 싶지도 않구나

나에겐 큰 걱정이자 근심이다
돈이란 요물(妖物)

사춘기(思春期)

어른들 말씀이 맞는 줄
어른이 옳다고 하는 것
어른이 권한 길
가보니 완벽한 정답이 아니더라

어른이란 나이가 되어 어른이 되어 보니
불완전(不完全), 미성숙(未成熟)

난 많이 틀렸고
난 아이들보다 딱히 나은 것도 없지 싶다

많은 죄
세상의 많은 악
아이들이 아닌 어른들의 몫
아이들의 사춘기 반항 당연한 것 아닐까?

슈퍼맨이라 믿었던 아빠의 허점, 모순, 부도덕
하늘의 품인 듯했던 엄마의 약점(弱點), 실수(失手), 욕심(欲心)

하나씩 알아 가는 시기
사춘기(思春期)

사춘기의 반항
그것은 순리
어른의 죄(罪)
아이들의 각성(覺性)
어른이 아니었다
나의 착각
단지 나의 악(惡)

아이들의 사춘기 사춘기가 아니었다
그것은 진실(眞實)
단지 아이의 선(善)

사춘기의 반항
아이들이 맞았다

자아(自我)를 찾아가는 인생의 중대한 시기(時期)
사춘기(思春期)

멘토(Mentor) 아닌 포스(Force)

같은 편이 말하는 길
경쟁이 너무 치열하다
이미 조련된 이들을 넘기 어렵다
욕심의 길

거기서 뒤처지더라도
심지만 군건하면 방법은 많은데 옮기기 어렵다
돌아가야 하는 머나먼 길

그 길 끝이 절벽이라
밤하늘을 날거나 추락하거나
어찌어찌 간신히 오르면 다시 제자리
벼랑 끝에 서서 날지 못하면 다시 추락

벼랑 끝 길을 강요하는
같은 편의 욕심
아이의 선택(選擇) 아닌 부모의 강요(强要)

같은 편이
함께 죽는 길

우리 중에 적(敵)이 있다
내부의 적(敵)
가장 무서운 적(敵)

멘토(Mentor) 아닌 포스(Force)

외할아버지

보고 싶어요
읍내에 나가실 때면, 자장면 한 그릇을 안 사 드시던…
피 같은 돈을 모아 제게 선물하신 옥편(玉篇)…
어떻게 잊어요

돌아가신 외할아버지를 닮아서인지
머리숱이 적고, 자고 나면 머리엔 까치집…

아이들에게서 외할아버지 1/8이 보이네
아이 셋 3/8에 나 1/4
어머니가 오실 때면 1/2 추가

모두 더해
온전한 하나가 넘는
무려 1+1/8
온 집 안에 외할아버지

보고 있는 것 같은데
그립고 보고 싶어요

함께 있는 것 같은데
왜 그리 보고 싶은지

꿈도 생(生)이니
꿈에라도
저 보러 오세요

이유

살면서 신(神)을 찾았다
본능적으로
궁금해서 때론 힘들어서
나도 모르게

신(神)이 없다고
보이지 않는다고
응답하지 않는다고
생각했는데

신(神)
신들
있었다
때론 밖에서
때론 안에서

신(神)
신들
모습이 너무 다양하였고
목소리는 마음을 깊고 크게 울렸다

넘어진 나의 손을 잡아 주었고
울고 있는 나를 위로하였다

두려울 때 용기가 올라왔다
많은 일들이 그렇게 제자리였다
기적처럼

신의 사랑과 용기
신들의 자비와 분노
내가 지금도 인생을
밝게 기억하고
신을 온전히 믿는
이유

신(神)이 없다면
내가 여기까지 올 방법이 없고
굳이 여기까지 올 이유도 없었다

신들 없다면
내가 여기 있을 이유가 없고
굳이 여기 있을 이유도 없다

신(神)의 존재(存在) 이유
나의 존재(存在) 이유

사회간접자본(SOC)

SOC
말이 태어나면 제주도로
사람이 태어나면 한양으로
맞는 말

유형무형의 SOC
수많은 가치가 이곳 서울에
사람을 위한 SOC
말을 위한 SOC는 제주도에

우주(宇宙)
유일무이(唯一無二)
한국말로 얘기하고 한글을 쓴다
건물과 사람도 생태계도 유일한
모두 한눈에 펼쳐지는
한 문명(文明)의 향연(饗宴)
서울

부자든 가난한 사람이든
서울에 있으면
같이 보고 공짜로 누리는 SOC
돈으로 환산할 수 없는 가치

모든 지방의 피와 땀
이곳 서울에서 피어나는
수도 서울
관습(慣習)이라는 말
통하는 이곳의 가치

서울의 땅
지방의 땅
같은데 다른
그 엄청난 가치의 차이
가장 큰 한 가지
단지 SOC

지방분권(地方分權)…
SOC의 분배
SOC의 공유
이젠 같이 누릴 수 있을까?
말로 형언하기조차 어려운
유형무형의 SOC
사람을 위한 SOC

신의 조경(造景)
SOC

혼돈(混沌)

선(善)은 무엇이고
악(惡)은 무엇인가?
내가 보고 있는 형상(形像)이 맞긴 한 것인가?

하늘은 무엇이며 땅은 무엇인가?
내가 듣고 있는 소리가 맞긴 한 것인가?

세상(世上)이 세상(世上)이 아닌
내가, 내가 아닌
내가 맡고 있는 향기가 맞긴 한 것인가?

앞으로 못 가고 세자리서 빙빙 도는
내가 먹고 있는 음식이 맞긴 한 것인가?

하늘을 보고 웃는데 하늘은 도대체 어디에
나의 혼돈은 똥인가? 오줌인가? 아니면…

문(門)이 열 개인데 왜 일곱 개만 열었는가?
나머지 세 개는?

세 개의 문이 모두 열렸는데 어느 문이 혼돈인가?
한 개인가? 두 개인가? 모두인가?
설마 마지막 문(門)인가?
혼돈(混沌)

봄

봄이었는데
봄인지 몰랐다
왜일까 했는데

봄 햇살도 때론 따갑고
봄바람에 가끔 흔들려
봄인지도 모르고 봄을 쉬이 보냈더라

여름에 더워서야
가을에 휑하니까
겨울에 추워서야
봄이 왔다 갔음을 알았다

봄이 오기를 간절히 기다리다
어찌어찌 봄은 왔건만
전의 봄은 이미 없고
아무리 찾아보아도 어디에도 없구나

내 이번 봄은 허망히 보내지 않으리
봄 햇살에 마음을 녹이고
봄에 몸을 실으리

봄
봄에 살리라
봄으로
봄이 되리

기술을 가진다는 것

무기(武器)
엄청난
작디작은 기술을 가지고부터 세상이 바뀌었다
정확히는 나의 세상은

면접도 자신 있었다
떨어져도 그만이다
날 필요로 하는 곳은 많다
정확히는 나의 기술(技術)

면접시험은 대부분 합격(合格)
면접관은 나 자신(自身)
내 일자리는 내가 고른다

나의 기술과 상관없는 일을 할 때도
나의 기술(技術)
나의 히든카드(Hidden card)
여기서 나가도 가정은 지킨다
나는 어찌 되었건 산다

월급쟁이 생활을 해도
을(乙)인데 을(乙)이 아니었다
때론 갑(甲)이었다

기술을 갖는다는 것
난 죽지 않는다

나는 때론 비굴했지만
가끔씩 직장(職場) 사람들의 상식을 깼다
배짱은 자유(自由)
자유
자유로웠다

여기 아니면 안 되지 않은
그 자신감
최후의 보루
나를 벼랑 끝에서 날게 하는

기술은 무기(武器)이다
엄청난

형체가 있든 없든
유형무형(有形無形)의 기술(技術)

기술(技術)을 갖는다는 것
신(神)의 준 히든카드(Hidden card)를 쥐는 것

하면 된다

헬스장에 가 보면
뚱뚱한 사람, 근육이 적은 사람 생각보다 없다

공부 학원의 학생들
공부를 곧잘 한다
아니 잘한다

격투기 체육관
싸움을 못하는 사람이 많지 않다

분명히 부족해서 모자라서
어떤 것을 배우는 곳

정작 그곳엔
부족하고 모자란 어떤 것을 못하는 이가 없지 싶다

하면 된다
그 진부했던 말
이제 가슴에 꽂힌다

분명히 없어서 갈증으로
문을 열었는데
문만 열었는데
이미 채워지고 있는 기적

하면 된다

학문(學文)

학문(學文)이 너무 많다
끝이 안 보인다
한 인생에서 감히 넘보기 어렵다
많고 많은, 멀디먼, 학문(學文)의 길

무한대에 가까운 양과 질
무한(無限)의 세계(世界)

손바닥 뒤집으면, 있고 없음
단 두 가지만 남는다
결국 유(有) 그리고 무(無)

굳이 모두 알 필요 없다는
신(神)이 남긴 힌트(Hint)
신의 설명서…

어느 길이든
그 길만 제대로 알면 모두 통하는
학문의 길

하나와 제로와의 싸움
이진법(二進法) 학문(學文)

법(法)과 도덕(道德)

절대 선(善) 절대 악(惡)
없다
상대 선(善) 상대 악(惡)
있다

어린 시절 법
나에게 도덕 그 이상의 가치였다
도덕은 부끄럽시만 법은 무서웠다

잘못만 하는 것
잘못하고 매를 맞는 것

지금은
법은 무서운데 두렵지 않다
도덕은 무섭지 않은데 두렵다

법(法)은 선(善)과 악(惡)이 아니다
도덕은 선 그리고 악의 학문

법(法)
내가 동의하지 않은 사회의 일방적 약속(約束)
도덕(道德)
내가 동의해야 시작되는 나와의 전쟁(戰爭)

법(法)이 한 줌 말장난
도덕(道德)이 한 줌 양심(良心)

가만히

가만히 앉아서
사랑을 살펴보니

눈으로 한 사랑
스쳐 가는 바람이요
몸으로 한 사랑
스쳐 가는 소나기네

머리로 한 사랑
한낮 꿈이요
마음으로 한 사랑
하나의 나로구나

가만히 누워서
여인의 눈물을 헤아리니

여자 많이 울리겠다는 말
잘생긴 바람둥이 말이려니 했는데
아닐 수 있겠구나

한 여인의 사랑 많이 받을 것 같아
한 여인의 사랑
끝없이 나오는 샘물 같은
그런 눈물이로구나

가만히 눈물을 헤아리리…

안녕

앗
악!
아프다
아니 끝났다
머리 아래로 불이 타는 듯

몸뚱어리가 제멋대로 요동친다
미친 듯이
난 이내 눈을 감는다
눈은 의미 없다
더 이상

가기 전에 해야 할 일
내 생의 마지막 인사
혀를 내미려다 참는다

난 죽었으니까
기다린다
나의 천적
그리 믿는 너를

복수(復讐)할 마지막 기회
독(毒)을 나눌 이유가 없다
한 번에 다 쏟아붓는다
모이고 모은 독(毒)

이제 천적 그놈만 기다리면 된다

온다 온다

느낌이

천적(天敵)

그놈

단 한 번 마지막 순간

놓치면 나는 내가 아니다

왔다

지금이다

남은 모든 에너지를 싣는다

천적(天敵)을 물고

독(毒)을 모두 주입한다

끝났다

아! 나의 생

안녕

마지막 인사

복수(復讐)

머리 잘린 독사(毒蛇)

안녕

장수풍뎅이

둘째 아이가 키우던
장수풍뎅이가 죽었다
아이는 기도하다
눈물을 흘렸다
난 우리 둘째 아이가
어떤 죽음 앞에서든 그리 슬퍼하는 것
처음 본다

누구에게 의미가 된다는 것

아이가 자신은 차마 못 묻어 주겠으니
나에게 잘 묻어 주라고 신신당부했다
절대 쓰레기통에 버려선 안 된다며
난 화단에 고이 묻어 주었다
잠시 눈도 감았다

이 장수풍뎅이
함부로 대하면 안 된다
아이에게 혼난다
혼나도 싸다

장수풍뎅이는 그렇게
나와도 인연(因緣)이 닿았다

누구에게 의미(意味)가 된다는 것

이런 의미
세상에 사람이 많아도
너는 하나이고
세상에 무엇이 많아도
너는 너뿐이니까

너여서 다행이다
그냥 너라서
단지 너라서
그런 의미

누구에게 의미가 된다는 것
참 복되고 감사한 일

아이가 다시 묻는다
장수풍뎅이를 쓰레기통에 안 버리고
잘 묻어 주었냐고

누구에게 의미(意味)가 된다는 것

내성(耐性)

내가 조직에 적응했구나 싶을 때
위에서 밟을 때 맞서고
아래서 치일 때 웃는
어딘가 비치인 내 모습
멋져

많은 일들을 겪고 겪으니
마치 진통제처럼
한 알이면 족했던 것이
열 알은 먹어야 안 아픈
처음엔 하나도 아팠는데
이제는 열은 돼아 아픈

모든 일엔 그렇게
아픔도 기쁨도
그 어떤 것도 내성이 있더라

나를 지키고
나를 깨어 있게 하는
또 다른 이름의 각성(覺性)

무뎌지는 듯 예리한 육체와 정신
그 마지막 방어선
내성(耐性)

국영수

국어, 영어, 수학
입시 등에 필요한 주요 과목

중요한데 쓸데없는
무엇이 중요한가?
결국, 쓸데가 없는가?
학문의 경중을 누가 정했는가?
지금의 입시, 현재의 등용문
답이 맞는가?

학문에는 왕도가 없지만 시험에는 지름길이 있다
지금 여기 시험(試驗)
인간(人間)의 시험(試驗) 잘 거르는 체 맞는가?

잘못된 잣대
자신(自身)을 가두고
타인(他人)을 함부로 평가하는

한발 물러서서 보면 평가의 자는 너무 많고
그중 진짜는 무엇인가?

사람인가?
마음인가?

한 가지 확실한 것
국영수는 아니야

화두(話頭)

나는 선(善)이더라, 나는 악(惡)이더라
나는 악(惡)이 아니더라, 나는 선(善)이 아니더라

그렇게 모순을 만들고
양날의 검(劍)이 되더라

나의 초심(初心)은 죽을 것이다
나의 선(善)이 그렇듯
나의 방심(放心)은 생길 것이다
나의 악(惡)이 그렇듯

그 무엇도 나기 어려운 만큼이나
그 어떤 것도 쉬이 죽지 않는다

나의 다른 초심(初心)은 생길 것이다
나의 악(惡)이 그렇듯
나의 눈물은 핏물로 흐를 것이다
나의 선(善)이 그렇듯

나는 선(善)인가?
나는 악(惡)인가?
이도 저도 아닌 난
박쥐인가?

어느 날은 위안이고 합리화
다른 날은 거짓뿐인 죄책감
나의 위선은 무엇인가?
도대체 무엇이란 말인가?

실수와 성공은 반복된다
잊혀짐 그리고 비슷한 상황에서 같은 선택
같은 역사의 반복

수많은 물음표를, 느낌표와 마침표로
느낌표와 마침표를, 수많은 물음표로

그렇게 끝이 없는 반복

역사가 그렇게 반복되고 같은 실수 비슷한 패배
역사(歷史)는 사이클(Cycle)이 있어서 같은 성공 비슷한 승리

비슷한 시간, 공간
비슷한 생각, 마음
매번 같은 길을 처음 온 것처럼 익숙하게 돌고 또 도는구나

몰라서 당하고
알아도 답이 없는 길
다른 차원의 화두(話頭)

빙고

사람은 생각하는 갈대라 절대 권력은 절대 부패한다
사람의 생각이 바뀌고 마음이 변한다
다른 사람이 된다

머리가 나쁜 자는 안다
본인의 부족함
자신의 계산이 틀릴 수 있음을
수없는 실패와 고통이 가르쳤다

자신을 경계하고
다른 이의 생각을 구한다
그렇게 같은 편이 생기곤 한다

머리 좋은 자도 안다
본인의 명석함
자신의 계산이 맞다고 착각한다
수많은 성공과 전리품(戰利品)으로
자신을 과신(過信)한다

다른 이의 말을 무시하기 쉽다
예상하지 못한 변수(變數)로 그렇게 적이 생긴다

착각은 때때로 기적(奇蹟)을 이룬다
불가능을 가능으로 만드는
강한 믿음
긍정적 착각

반대의 경우에는
집은 풍비박산(風飛雹散) 나며
나라가 망한다
본인은 지옥의 나락으로 떨어진다

사람은 생각하는 갈대라 절대 권력은 절대 부패한다
사람의 생각이 바뀌고 마음이 변한다
다른 사람이 된다

그렇게
파멸(破滅)이다
빙고

견제(牽制)와 균형(均衡)
권력(權力)의 나눔
힘의 밸런스(Balance)
빙고

인과응보(因果應報)

어제의 잘못은 오늘이니
오늘은 어제구나
돌아갈 수 없으니
이리도 가슴만 먹먹하구나

내일은 오늘이구나
오늘의 무엇도 내일이니

어제의 땀이 오늘의 풍요로움
오늘 빛나는 땀을 흘리리

과거는 지금이요
지금은 과거(過去)이다

지금은 미래(未來)이고
미래는 지금(只今)이다

이리 간단한 것을
헛된 욕심(欲心)에
매번 잊는 지금

잠시 뒤 얼마나 많은 피눈물을 흘릴까?
강(江)을 만들고
바다를 이루겠구나

인과응보(因果應報)…

신뢰(信賴)

꼭 숨이 끊어지는 것만이 죽음이 아니더라
숨이 붙어 있는데 죽는다는 것
진짜 죽음이더라

생사(生死)는 의외로 항상 함께하며
죽음은 의외로 매우 가까이에, 삶이 그러하듯
신뢰(信賴)는 생사(生死)를 가르는 순간, 그때가 가장 결정적이다

생사(生死)가 가장 큰일이고, 생사(生死)를 같이 했다는 것
전우(戰友)와 다름없고, 생명의 은인이 따로 있지 않다
어찌어찌, 그런 사람을 얻었음을 확인했다
이것 하나면 충분히 감사한 삶이다

내 전우(戰友)의 신뢰(信賴), 그 감사함 마음
인생(人生) 끝까지, 고이 가지고 가야겠다
반드시…

숙명(宿命)

날 흔든다
운명(運命)인지
날 찌른다
불길이 깊은 곳에서 오른다
목이 탄다

숙명(宿命)인가?

난 또 험난한 길로 가고 있다
머리는 도망치라 하는데 마음이 다른 방향이다
백번도 넘게 도망쳤는데 다시 날 찾았다

어쩌지
어쩌란 말이냐?

또
나는 엄청난 파도를 만나
생사(生死)를 오가며 고생
사서 하겠구나

어쩌랴?
이것
신(神)의 뜻인지?
내 무의식(無意識)인지?

무엇이든
나도 모르게 난
지금 이렇게
조그만 뗏목을 만드네

파도의 무서움을 알면서도
뗏목을 띄우겠구나
결국

어찌 됐든
난 살아 돌아와야 한다
기다리는 사람이 있다

이젠
전혀 다르다
차원이

언로(言路)

언로(言路)를 막는다는 것
김이 빠지지 않은 압력밥솥

세종의 경연, 간쟁
왕권은 오히려 강화되었다
언로는 열어 놓았다
허나, 주관도 결정도 스스로
압력밥솥의 김이 빠졌다
영리한 군주

세종의 금부민고법(禁府民告法)
수령의 면책특권(免責特權), 부정부패(不正腐敗)의 기름
민란(民亂)의 피, 백성의 눈물, 마르지 않았다

세종의 사민정책(徙民政策)
영토 확장의 미명(美名)
수많은 백성이 고향을 잃고 지옥으로
사군육진(四郡六鎭)
피눈물에 붉은 찬 서리가 흩날렸다

세종의 화폐, 조선통보
현실과 이상의 괴리
수많은 일반 백성이 범죄자로 몰렸다
감히 우주에 돌을 던지고 말이 많다

보상 없이 희생만 강요하는
나에게 폭력을 행사하는 임금
폭군 그 이상이 아니다
남들이 뭐라 하든

세종의 조세제도 여론조사
백성에게 뜻을 묻다
어찌됐건 언로(言路)를 열었다
압력밥솥에 김이 빠졌다
반박조차 묶었다

정작 스스로도 많이 헷갈려한 흔적
그래서 성군(聖君)인가?

세종대왕(世宗大王)
피로 물든 조선의 아침
사대로 세운 조선의 하늘
그나마 반천 년(半天年)을 간 이유
세종의 존재(存在) 더하기 언로(言路)

고해성사(告解聖事)

어디를 보아도
어느 것을 보아도
장담 못 하겠다
난 천국(天國)을 포기한다

유년기(幼年期)
소년기(少年期)까지는 경쟁력 있지 싶은데
청소년기 성인(成人)
그렇게 클수록 나락으로 걸었구나

식물은 절대 못 이기고
동물도 이기기 어렵다
그나마 해 볼 만한 것이 사람인데
어린이 밑으로는 필패
성인도 이길 수 있을지 장담 못 하겠다
난 이제 천국은 지웠다

자신(自信)이 없다
아니
자격(資格)이 없다

나의 타락(墮落)

너무 많이 왔고

나의 죄로 우주(宇宙)가 암흑이다

앞으로도 끝은 보이지 않고

나의 문(門) 지옥(地獄)

어떨지 궁금하구나

도대체 어디부터 무엇부터 잘못된 것일까?

모르겠다

용서받지 못할

고해성사(告解聖事)

신(神)이시여

저의 죄(罪)를 모두 인정합니다

본능

본능은 위대하다
생각보다

태어나 울어서
자가 호흡을 터트리고
엄마 젖을 빤다
그 힘든 것을 해낸다
누가 가르쳐 주지 않아도
스스로 알고 행하는 기적 같은 일

정말 힘든 일
말도 안 되는 상황
여기가 지옥이지 싶을 때
벼랑 끝
기적이 필요할 때
본능은 깨어난다

헌데
재미있는 것
미신이라 생각했던
평소 웃어 넘겼던 것을 찾는다
실낱같은 지푸라기가 된다
간절한 본능으로

세상 물정을 우리보다 모를 듯한
종교인 무속인
지옥을 천국을 일상을
모두 맛본 사람이

세상을 다른 이의 귀로 듣고
다른 이의 글로 보고
수박 겉핥듯 경험한 이에게 길을 묻는다

때론 이를 악용한 사기꾼들의 덫에
걸려 더 큰 상처도 받지만

현대 과학이 최첨단이라 자만하던 것들
풀지 못한 난제(難題)

자연에 기대고 하늘에 의지하니
최소한 위로라도 받고
난제가 풀리는 기적 종종 생긴다

지금 문명의 오류 이미 알고 있었다
우리는 본능으로

본능은 그런 것
이미 아는 것

본능은 위대하다
생각보다…

역설(逆說)

사람(人)…

같이 있었지만
혼자였다

혼자였지만
혼자가 아니었다

홍익인간(弘益人間)…

말인데
말이 아니다

말이 안 되는데
말이구나

인과응보(因果應報)…

쉬운데 어렵고
어려운데 쉽구나

진인사대천명(盡人事待天命)…

마음인 듯 생각이고
생각인 듯 마음이구나

○ ✕

○와 ✕
답은 둘 중 하나인데

○도 ✕도
나에겐 답이 아니었다
그에겐 ○도 ✕도 답인데

억울할 것도
분할 것도 없다

그는 언제나 100%
나는 언제나 0%였다

그는 답이고
나는 답이 아니었을 뿐

그는 알았다
나는 몰랐다
단지 그뿐이다

손바닥 뒤집기라지만
나는 항상 반대로 뒤집는구나

각성(覺性)은 항상 옳았다
무지(無知)는 찍을 수도 없는
○ ✕

잔인한 들러리

운동회 100m 달리기
단 한 번의 실전
내 모든 것을 걸었다

차라리 포기할 것을
나보다 10m 앞서 출발하는 선수
90m 앞서 출발하는 사기

시합은 끝나고
모든 영광과 환호가 그들에게
그들의 가족에게

난 그저 패배자
흥에 겨운
결혼식 들러리와는 차원이 다른
잔인한 들러리

난 그저
그들의 명분일 뿐
병풍도 민화도 못 되는
잔인한 들러리

노력(努力)이 재평가(再評價)되는
포기(抛棄)가 재평가(再評價)되는
지금 여기

아파트

여기도 저기도 억(億), 억(億)
아파트 값이 하늘을 모른다
천정부지

부러운데 부럽지 않다
비싼 아파트와 바꿀 수 없는 가치

나는 어머니의 아들이다
나는 아내의 남편이다
나는 아이들의 아빠이다.

가족과 함께한 시간
그 세월
지금 그들과 함께하는 공간
어디를 둘러봐도
돈이 들어올 자리가 없다
내 아파트 값이 오르지 않아 다행이다.
작은 것을 얻지 못하고
너무 큰 것을 얻은 기분

정말 다행이다.
이 길을 가게 된 나의 운명이

한결같이 오르지 않는 나의 아파트 값
차라리
신(神)의 축복이다.

부메랑

부메랑이 내가 던진 만큼의 힘으로
고스란히 나에게 돌아온다
"이게 나라냐?"라는 구호로 시작하면
"이건 나라냐?"라는 구호를 돌려받는

메아리는 내가 지른 함성만큼
고스란히 나에게 돌아온다
소통(疏通)을 말하면 불통(不通)의 죄(罪)가 온다

어떠한 선(善)도
어떠한 악(惡)도
고스란히 돌아온다

모두를 속여도
하늘을 속여도
스스로는 못 속이네

독재 타도란 운동으로 힘을 쥐어서
영악한 방법으로 역시나 힘을 쥐고 놓지 않네

권력의 속성이 독재(獨裁)이고 독점(獨占)인 것
그들은 과연 몰랐을까?
점진적 직접민주주의 이제 해야죠

가방

길을 지나다
예닐곱 여자아이
보다 어린 작은 남동생
동생의 투정
가방 들어 줄게 하며 누나가 가방 하나를 더 든다

그 말 한마디
작은 행동 하나

나의 세상이 돌변했다
스산했던 세상이 따스하게 빛난다

그 말 한마디
작은 행동 하나

세상의 명도(明度)와 채도(彩度)를 바꾸어 놓았다
그렇게 나의 하늘이 바뀌었다

흔들린 건 나겠지

흔들린 건
깃발도 아닌
바람도 아닌
마음인 것처럼

사람 인(人)

사람 인(人)
서로 기대어 있는 형상
형상문자

작대기가 많지 않다.
하나의 나와

단 하나의 작대기
단 하나의 위로
단 한 명의 사람
함께라면

사람 인 쓰기에
부족함이 없다

사람
혼자 살 수 없다지만
굳이 많아야 하지 않다

사람 인 한 글자
홀로서기에 모자람이 없구나

사람 인(人)…

신성한 노동(勞動)

노조를 향하는 칼
너무 예리해도 안 되고
너무 차가워도 안 된다

노동은 신성불가침의 가치
노동은 생존
생사의 문제이기에
초법적 권리

한 사람의 노동
동토를 뚫고 새싹이 고개를 든다
모진 비바람을 고목이 이겨 낸다
인간 생태계의 젖줄

생존이기에
인간의 절대 가치이기에
삶과 죽음의 갈림길이라서

세상이 바뀌어도
노동자의 속성은 항상 을(乙)

노조를 향하는 칼
너무 예리해도 안 되고
너무 차가워도 안 된다

건곤일척(乾坤一擲)

이러나저러나
답(畓)이 없다
어차피 같다

잃을 것도 없고
얻을 것도 없다

두려움이 용기로 승화되는 순간
이무기가 비를 맞아 용으로 승천(昇天)하는 순간

지렁이가 꿈틀할 첫 번째 기회
지렁이가 꿈틀할 마지막 기회

죽기 아니면 까무러치기
이래 죽으나 저래 죽으나
어차피 죽기는 매한가지

만(萬)에 하나 산다
그리하면
천하(天下)를 품으리

폭등(暴騰)

아파트값

폭등 또 폭등
불안 또 불안

우리 속이 불로 뒤엎여 타들어 가더니
이내 폭풍이 일어
세상이 어두워진다.
그러다 정신이 번쩍하더니
밝아지며 고요하다

자본주의(資本主義)
사회주의(社會主義)

이데올로기의 문제가 아니다
의식주(衣食住)는 생존(生存)인데…

이제 어쩌시렵니까?
발을 빼기도 밀어붙이기도 어려운 형국

이렇게 매번 반복하니
시나브로 배우는 것이 적지 않다

이러다 아파트값 덕에
우리 모두 해탈하겠어요

어깨 넓이

낯선 곳의 목욕탕
세 살 아이와 함께
아이를 짐이라 여겼는데

옷을 홀딱 벗더니
마치 자주 와 본 것처럼
목욕탕으로 앞장서 들어가는
우리 장남
뒷모습 든든해

좁디좁은 아이의 어깨
어깨가 한없이 넓어 보였다

아이의 어깨 넓이
넓이가 한순간을 못 참고
변해 버렸구나

아이의 어깨 넓이
고 녀석 참
인내심도 없구나

아이의 어깨 넓이

깃털

지난 일들을 돌아보니
위기가 찾아오면
최선 정면 돌파, 차선 우회, 차악 회피, 최악 꼼수

지난 언행을 살펴보니
실수와 잘못이 있을 때
최선 정직, 차선 변명, 차악 거짓, 최악 적반하장

힘들어도 길로 가야
가벼운 깃털처럼
그렇게 제자리

마음
모든 일의 중심
생각을 무겁게 하니 나의 우주는 블랙홀
모든 것을 집어 삼킬 기세

오늘도
생각지 못한 위기
생각하지 못한 실수

그렇게 큰길로 걸어
대자로 누워 자리
깃털처럼 가리

제발

가난이 영원히 대물림될 것 같은 불안감
힘들고 비참한 현실
눈물도 안 흐르는 먹먹함 그리고 막막함
너무 참담해서 자신감을 잃는 그리고 잊는
너무 힘들어서 자존감을 잊는 그리고 잃는

어린 시절의 가난, 예전에는 전화위복
지금 여기, 블랙홀
탈출 방법이 거의 없는 감옥
좀처럼 변하지 않는 계급

시민혁명(市民革命), 우리가 아닌 부르주아의 쿠데타?
피만 많이 흘리는 우리
왕정 청산, 귀족정치 청산
그럼 부르주아는?

부르주아란 용어가 빨간색인가?
계급이란 용어는 진한 빨간색인가?
색이 없는데 색을 누가 정했는가?

이데올로기, 저놈의 글자
얼마나 많은 피 그리고 눈물로 쓴 글자인가?
읽기 위해선 또 얼마나 많은 피와 눈물 삼킬 것인가?

우리가 받은 콩고물
그것에 만족하기엔, 우리 아이들이 한없이 가엾다
진정한 의미의 시민혁명, 국민혁명 필요하면 행동해야

이제 지나친 세습은 막아야 한다
점점 더 불공평한, 고착화되는
점점 더 당연한, 생각이 굳어 가는

부와 권력을 많이 나눠야 한다
이대로는 많이 부족하고 미비한

누구나 꿈을 꾸는 세상 어려운가?
꿈이 사치라는, 꿈에도 색칠을 하는
지금 여기

무엇이 정의롭고, 어느 것이 자유로운가?
이럴 거면 충성, 누구를 위한 충성인가?

꿈도 확률이 있어야 꾸지요
1% 확률도 주어지지 않으면
희망이 없는데 무슨 꿈을 꾸나요?

같이 좀 삽시다, 같이 잘 살아요
우리 아이들 꿈이라도 꾸게 해 주세요
제발…

지금을 살아요

시간을 바꾸려는 사람
공간을 바꾸려는 사람
둘 다 불행한데
누가 더 불행할까?

답(쫌)은 모르겠다
사람마다 다르겠지

아무튼
지금 여기
지키는 사람
가장 행복한 사람

과거를 사는 사람
현재를 사는 사람
둘 다 불행인데
누가 더 불행일까?

아무튼
지금 여기
사는 사람
가장 행복한 사람

우리 모두 지금을 살아요

물이 흐르는 그물

커져라 작아져라
손오공의 여의봉 같은 그물

힘이 크다면
그물은 한없이 커져서
빠져나갈 구멍을 준다

힘이 작다면
그물은 한없이 작아져서
나노의 세계로 인도해
절대 빠져나갈 길이 없다

문득
흐르는 물에게 묻고 싶다
간통죄(姦通罪)가 관습(慣習)인지?
수도(首都) 서울이 관습(慣習)인지?

화무십일홍(花無十日紅)
권불십년(權不十年)

항상 경계하고 근심해야
화(禍)를 간신히 면하는

물이 흐르는 그물

토론(討論)

두 사람이 각자의 말을 한다

어떤 이는 불교가 종교(宗敎)라고 말한다
다른 이는 불교가 철학(哲學)이라고 말한다

불교를 종교로 만든 것은 누구인가?
불교가 철학인가? 종교인가?

어떤 이의 주장을 들어 보자

널리 전파하려면 종교적 성격이 필요했다
기복신앙(祈福信仰)은 종교의 기본이다

종교적 성격이 불교를 지킨 것이다
지금까지
단지 철학으로 흘렀다면 지금 존립이 불가하다

다른 이의 주장을 들어 보자

불교는 처음부터 끝까지
마음을 말하는데

누군가 득을 보느라
종교가 되었구나

사람의 약한 생각을 흔들었는가?
슬프고 슬픈 일
불교가 종교가 되어 버린 일

종교의 잔인한 속성
개인의 희생

처음엔 아니었는데
종교가 되어 버린

신(神)의 학문(學文)
불교

자극

천국(天國)은 가까운 곳에
돌고 돌아 집으로

천국(天國)과 지옥(地獄)이 궁금했다
지금도
흔한 사람들 말처럼

천국
넘치는 풍요
지옥
끝없는 고문

그런 것이 맞다면
천국에 가고 싶지 않다
지옥도 두렵지 않다

역치(閾値) 그리고 내성(耐性)
어떤 자극도
무뎌지는

아마
천국 그리고 지옥
아주 가까운 곳에
돌고 돌아 나에게로

황새

황새를 따라간 뱁새를 보았소?
나는 보았소
다행인지 아닌지

가랑이가 찢어지더군
속담처럼
아니 속담 이상으로
멸문지화(滅門之禍)

내 좀 게을러 다행이오
나도 황새를 따라가 보았다오
아무리 따라가도
멀어지는 거리
그것도 그것이지만
방향이 이상해서
내 바로 포기하고
다른 길로 가니
좋더이다

황새가 옳은 것이 아니었소
황새가 웃는 건
황새를 따라가는 뱁새가 많아서라오

그대는 어떤 길로 가고 계시오?

이순(耳順)

나이 60
생각하는 것이 원만하여 어떤 일을
들으면 곧 이해가 된다

모르는 게 없는 나이
노마지로(老馬知路)…
늙은 말이 길을 안다

경험이 쌓이고 쌓여
지혜로운 궁극의 경지
허나, 인간의 궁극
인간의 영역

산 넘어 산이요
이순(耳順)도 안 보이네

조그만 우리 속
다람쥐의 쳇바퀴

갔던 데 또 가고
길은 멀건만 방향조차 모르네

뫼비우스의 띠
안에 갇히다

문은 저 멀리 보일 듯 말 듯
희망은 신기루

문을 넘는 건
바라지도 않는다

문(門)이라도 제대로
보고 싶구나

그래서 이순(耳順)

문(門)을 제대로 보는 경지
문(門) 바로 앞에 선
이순(耳順)

의전(儀典)

국가 간의 예의
상하 인간 간의 기본 예의 등
필수불가결(必須不可缺)

하지만 너무 지나친 의전
아부하는 의전
부질없는 의전
사사로운 의전
너무하는구나

나의 의전은
언제부터 시작되었나?

초등학생 때
마루 기름걸레질이지 싶다

군대
시도 때도 없는 의전
청소, 정리
열, 줄, 각, 큰 목소리, 인사

사회생활(社會生活)하면
의전은 끝이 없는 시작

지겹구나 이제
청소 그리고 정리
열, 줄, 각, 큰 목소리, 인사

살면서 많이도 했구나
의전
내가 못나 받을 일은 없을 듯한데
의전
다행이다
의전
내가 못나 받지 않아서
받을 일 없어서

얼마나 큰 죄(罪)인가
지나치게 불합리한 의전
갑(甲)질하는 의전
소위 잘났다는 놈들
의전 많이 받고
큰 죄(罪) 다 가져가거라
열심히 해 줄게 의전
못난 내가 평생 받지 않을 죄(罪)
정말 다행이다

전화위복(轉禍爲福) 별거 없구나
평생 의전만 한 내 삶
평생 의전 못 받은 내 삶
참 다행이다

편견

사람은 본인이 믿고 싶은 것만 믿더라
편견 바꾸기란 쉽지 않더라

둘째 아이가 무에타이 1단 승단 심사에서 합격했다
어떤 관장도 실력이 되지 않으면 승단 심사를 시키지 않는다

다른 체육관과의 스파링
말이 스파링이지 시합이다
관장의 자존심 체육관의 명예
스파링 대진 짜는 것부터 전쟁이다

우리 아이는 두 살 많은 아이
매우 수준 높은 아이와 스파링해 잘 싸웠다

스파링 영상을 보여 줘도 아내는 믿지 않았다
우리 아이 엄청난 실력인데, 믿지 않더라
마냥 아이라 생각하고, 무에타이 1단 실력 인정 안 하더라
난 아이에게서 파이터를 보았는데…

정말 보고 싶은 것만 보고
듣고 싶은 것만 들으며
믿고 싶은 것만 믿는다

애기 엄마에게는 항상 아이니까
그러니까…
편견

궁합(宮合)

궁합(宮合)
미신으로 치부하기 어렵다

수천 년의 역사
셀 수 없는 경험

속궁합 등 육체적 궁합
성격, 기운, 지능 등 정신적 궁합

모두 중요하다
하나만 좋아도 어찌어찌 살아진다

하지만 마음의 궁합
좋다면 다른 궁합 안 좋아도
같이 살고 늙어짐에
부족하지 않더라

마음의 궁합 좋아야
진정한 백년해로(百年偕老)

엄마

조심조심
살짝살짝 발을 내딛는다
여긴 위험해
반은 살피고 반은 찾는

안 돼 이건 너무 무거워
안 돼 이건 물러
안 돼 이건 너무 가벼워

보고 또다시 살피고
찜한 나뭇가지 다시 들어 보고

아! 이게 좋겠어
힘들다 어서 가자

엄마 생각난다
엄마는 이 모든 것을 어찌하셨을까?

엄마가 물려준 본능
엄마 닮은 아이들이 하늘을 날겠죠?
엄마처럼…

살펴보고 쪼아 보고
무게 재고 다시 재고

까치의 둥지 만들기

평행선(平行線)

남녀가 한곳을 바라본다
자연의 섭리…
한쪽이 시선(視線)을 돌려도
다른 쪽 시선이 평행선을 만들면 둘은 이루어지지 않는다
심지어 반대 방향으로도…

부부가 한곳을 바라본다
크나큰 인연인지라
헌데, 평행선(平行線)이다
팽팽한 긴장감
둘 다 불행이다
두 선(線)은 만나지 않으니까

그때
아이가 운다
시선이 한곳에서 만난다
두 선이 만난다
그렇게 하나의 점이 된다
온전한 하나

어느 누구와의 관계
같은 곳을 바라보는 것
평행선(平行線)은 아니어야 만난다
뒤로라도…

대한인(大韓人)

예로부터
술과 춤을 즐기고 흥이 넘치는
스스로 위로할 줄 아는 사람

학문을 동경하며 숭상하는
배우는 고생을 두려워하지 않는

한(恨)이 많아
아픔과 슬픔을 이해하고 연민하는

침략(侵略)을 수없이 당하고
도적질을 당해고 또 당한

털을 세워 몸집을 부풀리는 수밖에
허세(虛勢)가 허세가 아닌 생존(生存)

종교(宗敎)에 민간신앙(民間信仰)에 위로받고
기도하는 삶을 산

귀신(鬼神)을 무서워하고
귀신(鬼神)을 부정하지 못했던
우리의 한은 귀신이 없다면 설명이 안 되니까

폭력(暴力)을 혐오하고 죄(罪)를 경계한 사람
예의를 중시하고 어른을 공경한 사람

DNA에 한이 깊게 저장되어
지금 여기의 영광 놓칠 수 없는 민족

이제 시간과 공간이 도래하니
한(恨)과 한(韓)이 만나다

무궁한 시간과 공간의 영화(榮華)
풀지 못한 한(恨)을 풀어야

한(恨)으로 승화된 한(韓)
만세(萬歲)를 누릴 민족(民族)

그 이름
대한인(大韓人)

아웃사이더 아트(Outsider Art)

고통의 크기를 가늠할 방법이 없다
아픔의 깊이를 헤아릴 길이 없다

돈이 목적이 아니다
명예도 아무 의미 없다
무엇을 바라지 않는 순수 예술(藝術)

미친 자의 광기(狂氣)?
그럼 그대는 정상인가?
미친 것과 정상의 기준은 무엇인가?

인간은 아직도 과정에 있지
결과에 있지 아니하다

그대는 영영 미치지 않는가?
얼마나 한심하게 살았으면 미치지 않는가?

인위적이지 않은 예술(藝術)
아르뷔르

온전한 본인의 예술(藝術)
고대인의 동굴 벽화같이…

미개하다?
아니다

영적이고 신비로운
무한(無限)의 가치
프리미티브 아트(Primitive Art)

순수하고 투박한 예술(藝術)
기교가 없는데 엄청난 기교이다

배우지 않았기에 독창적인 예술
기존 틀에 갇히지 않는다

감옥(監獄) 밖의 예술(藝術)
아웃사이더 아트(Outsider Art)

위드(with)

자기 사업을 하든
월급쟁이를 하든
돈을 벌다 보면 로또 같은 돈
보일 때가 있다

기회이자 함정
비교적 높은 리스크
로또 같은 수익률

많은 갈등이 시작 된다
기회비용(機會費用)…
하나를 얻으려면 다른 하나를 포기해야 하는

지금도 가끔 보이고
아직도 많이 흔들린다

그래서
내가 세운 대원칙
아이들, 가족, 행복
그다음 돈

아이들은 가족이지만
다르게 접근하고 해석(解釋)한다
나는

반드시 지켜야 하는 절대 가치…
나는 그렇다

왜?
난 아빠니까…

이 원칙만 되뇌면
마음이 한결 가볍다

내 것이 아닌 것
내가 무리수를 두지 못하는 이유
남의 것…
남의 로또…

기회이자 함정…
로또가 아니라 똥일지 모른다

난 그렇게 오늘도 길로 걷고 있다
위드(with)
아이들, 가족, 행복

농자천하지대본(籠字天下之大本)

농자천하지대본(籠字天下之大本)
농업의 중요성
먹는 것은 죽고 사는 문제
가장 중요하다

현대화가 될수록
농부의 사회적 인식은 낮아졌다
먹거리가 풍족한 지금
돈이 안 되고 힘든 직업
하지만 지구 한 켠엔 아직도 굶주린 사람들
우리가 그렇게 되지 말라는 법이 없다

수요(需要)와 공급(供給)

비싼 보석 같은 사치재(奢侈財)
공급이 무너지면
세상은 비교적 평온하다

농산물 같은 필수재
공급(供給)이 무너지면
세상(世上)은 지옥(地獄)이 된다

보석은 비싸면 사지 않으면 그만인데
먹거리는 비싸도 사야 한다

농촌이 붕괴되고 있는 우리나라
보이지 않는 처절한 전쟁(戰爭)
경제전쟁
먹거리…
세계 경제전쟁의 판을 흔들 수 있다

남의 나라를 믿고 의지하기엔
사안이 너무 중대하다

근심하고 경계하는
농자천하지대본(籠字天下之大本)
과거(過去)의 말이 아니다

그냥 그래서

돌아보니
일탈이, 일탈이 아니었어
본능…
당연한 것
반드시 경험해야 하는 것
그런 것인데…
난 왜 고민하고 죄책감을 느꼈는가?

그래서 지금껏 사람대접을 받았는가?
그래서 난 행복했는가?

어디까지가 맞는 것이고
어디부터 일탈이며
언제부터 죄(罪)인가?
사회가 정한 약속 아닌
일탈 그리고 죄

어디부터 언제까지?
언제부터 어디까지?

다른 사람
나 아닌 어떤 것에도 피해가 안 갔는데
왜 죄(罪)이고 일탈인가?
나도 아프지 않은데

무엇도 피해 보지 않았고
난 행복했는데

일탈이고 죄인가?
사회가 만든 감옥 아닐까?
반드시 탈옥해야 하는…

일탈은 일탈이 아니었어
죄(罪)는 죄(罪)가 아니었어

내가 힘들어한 세월이
불쌍하고 속상해서

생각에 갇혀
사회(社會)가 만든
회색 콘크리트 건물에
내 스스로 걸어 들어가

생각에 갇혀
한참을 있던 것도 모자라
죄책감으로 쇠창살을 만들고
자물쇠마저 잠가 버렸어

내가 그랬어…
<u>스스로…</u>

기가 막히고
코가 막혀서

그냥 그래서…

잠

잠을 많이 자는 것
인생의 큰 낭비라 말하는 이들이 있다
난 동의하지 않는다

혹자는 잠을 자는 것
그 자체를 손해로 간주(看做)한다
마치 생명을 좀먹는 것처럼

일단 사람마다 체질이 다르다
잠을 잘 때
사람이 오히려 많은 것을 얻는다고 생각한다
나는

휴식(休息)은 기본이고
자면서 진화(進化)까지 한다고 본다
꿈을 꾸기에…
단지 소수(少數)만 기억하지만

꿈은 생(生)이다
잠을 자며 수많은 생(生)을 살고 죽는다
수없이 많은 데이터를 구축한다

해몽(解夢)은 왜 하겠는가?
미신(迷信)이 아니라 과학(科學)이다

생(生)에 무의미(無意味)가 있겠는가?
꿈도 생(生)이라…

현실(現實) 같은 꿈
판타지(Fantasy) 같은 꿈

철학(哲學)은 먼저 본다
철학(哲學)은 미리 안다

시(詩)는 철학(哲學)이다
시(詩)는 그렇게 답(答)이 된다

잠에 대한 철학(哲學)…
잠에 대한 시(詩)…

기득권(旣得權)

인간의 역사, 기득권과의 싸움
기득권을 가진 자는 홀로 가지며 나누지 않는
기득권을 가진 자는 자자손손 물려주는
인간의 욕심

약자는 약하니 무리를 모아 기득권에 저항하는
눈물의 역사 피의 기록

기득권 세력이 입시 제도를 바꿔도
입사 제도를 바꿔도 아무 소용이 없는
옥(玉)은 옥(玉)이요, 돌은 돌이니까

옥(玉) 사이에 돌을 끼워 놓으면
당장은 돌이 옥(玉)의 후광(後光)을 입지만
돌이란 사실은 변하지 않는다

사회적으로 열등한 위치에 있는 사람을 위한
입시제도 입사제도
무슨 의미냐고?

그들이 불쌍해서가 아닌, 그들이 가진 큰 잠재력을 인정하는 것
그들은 원석(原石)이기에

다른 환경에 따른 다른 결과
오히려 그들이 세상을 이롭게 하는

진흙 속의 진주는
누군가 찾아 주는 이, 누군가 알아보는 이
만나면 그렇게 세상을 자신만의 색으로 물들인다

흙 속에서 진주 찾기
어떤 이에겐 인건비도 안 나오는 시간 낭비
그런데도 흙속에서 진주가 계속 나오는 이유

다른 이에겐 평생의 배우자
인생의 도반
찾고 알아보는 간절함

어차피 제자리가 될 것을
이 시(詩)가 무슨 의미냐 묻는다면

겨울을 내몰고 봄을 재촉하는
더운 입김

먹구름이 빨리 걷히고 태양을 보려는
짧은 휘파람

민초(民草)

잡초는 밟히는 것이 두렵지만
일상인 듯 밟히고 밟힌 잡초기에
참담한 현실을 담담히 받아들인다
그 담담함
먹먹해진 하늘
눈물을 내려 풀의 상처를 돌본다

지렁이는 꿈틀꿈틀이라도 하는데
잡초는 밟혀도 움직임이 없다
항상 말없이 자리를 지킨다
그 침묵, 먹먹해진 하늘
빛을 내려 풀의 아픔을 달랜디

누구를 원망하지 않고, 옆의 풀을 위로하는
스스로를 독려하는
풀이 약(弱)하다? 풀은 강(强)하다

나무가 잡초를 초라하다 비웃다가
태풍에 부러지고 뿌리마저 뽑혀 버린다

난 이 잡초를 천하다 비웃다가
짧은 가뭄에 이내 시든다

풀

처음부터 자주(自主)

마지막까지 주인(主人)

풀은 기대지도 의지하지도 않았다

모두 스스로 이루었다

누가 민주주의를 이룬 것이 아니다

풀이다

누군가 풀의 속성을 알아본 것 뿐

누군가가 풀을 이용해 권력을 가진 것이다

풀은 민주주의(民主主義)

풀은 죽음 그리고 아이 앞에선 더욱 강하다

생존이 달린 문제라면

아이 풀을 위해서라면

풀은 불이 되어

세상(世上)을 뒤엎는다

풀은 그렇게 영원하리

별이 되게 하기를

더럽고 치사한데, 어쩌랴? 버텨야지
조직에서 돈을 받고 일하는 것
누구는 배경이 좋아 쉽게 가고
없는 사람은 손금이 없어지게 아부해야

능력이 있어도 의미 없고
노력을 하여도 의미 없는

잣대는 그럴싸한데, 쟤는 놈 마음대로구나
다 알고 있었지만, 당하니 아프다 사람이라
그렇다고 손을 비비긴 싫고
그냥 묵묵히 살아야지
손해 보며…

내가 조금 늦게 가고, 내가 조금 비참하면
모든 것이 물처럼 지나가는데
그 화를 못 이겨 다른 곳에 간다 한들
거기는 다를쏘냐?
다른 판을 짜면 모를까?

더 참담한 일을 겪는 그리고
지금도 겪고 있는 아픈 사람이여
그대들을 존경합니다
그대들은 얼마나 아프고 아팠나요?

다들 이렇게 사는 것을 알기에
죄송하게도 위안이 되는 것이 더욱 슬프구나

하지만 때가 오면, 반드시 엎고 싶다
이 더러운 판, 전혀 다른 길로 가든가

다들 이렇게 사는 것을 알기에
위안이 되는데 처량하고
이런 더럽고 치사한 일
시(詩)가 되니 더욱 처량하다

언젠가 봄이 와서
아름다운 땀이 빛나길 바라며
그렇게
세상(世上)이 바뀌길 바라며

빛이 넘치는 눈부신 신(神)이
어둠을 지워
이 시(詩)가 별이 되게 하기를…

장님 코끼리 만지기

장님 코끼리 만지기…
우리 인생(人生)

그대는 잘 보이는가?
시력이 안 좋은 육체적 장님 아닌 장님
시력은 좋지만 못 보는 장님 아닌 장님
안 보이는데 보는, 보이는데 보이지 않는

바로 앞에 있는, 큰 것을 다르게 보는
아주 멀리 있는, 작은 것을 제대로 보는

세상은 넓고 넓다
이치는 다양하다
우리 경험은 미비하다

성공했다 하여
함부로 말하기 어렵다
그 성공조차 성공이 아닐 수 있다

길은 너무 많고 답(答)이 만(萬) 가지다

너무 많고 커서 다 볼 수 없다
손바닥 뒤집으면
너무 적고 작아 다 볼 수 있다

세상이 좁고 좁다
이치는 하나이다
우리 경험은 충분하다

실패했다 하여
함부로 말하기 어렵다
그 실패조차 실패가 아닐 수 있다

너무 많고 커서 다 볼 수 없다
손바닥 뒤집으면
너무 적고 작아 다 볼 수 있다

답(答)이 만(萬) 가지여도 길은 모두 만난다

장님 코끼리 만지기…
우리 인생(人生)

내 아이들에게 1

한세상(世上)
생각보다 길다
먼 길이니
어떤 적당한 신
믿어 보는 것이 나쁘지 않으나

너무 의지하면
신(神)도 힘드시다

종교에 너무 심취하지 않았으면 한다
종교의 속성(屬性)이 개인의 희생(犧牲)이라…

태양이 뜨면
달이 진다

빛이 나면
어둠엔 차이가 나고
그렇게 차별이 태어난다

너의 신(神)을 찾아라
긴 생 작은 위로일 것이다.

혼자이지만 항상 함께일 것이다
행운(幸運)을 빈다…

내 아이들에게 2

한세상(世上)
생각보다 짧다

짧은 길이니
가방에 짐을 너무 많이 넣지 마라
산책하듯 가볍길 바란다

가방의 무게
욕심의 무게
마음을 누르는 무게

어차피 짊어진 모든 것
연기처럼 사라질 것이다

그것들은 처음부터 네가 가져온 것이 아니니
마지막에도 네가 가져온 것만 가지고 가는 것

진짜 가져온 네 것을 찾고 찾아라
짧은 생(生) 큰 위로일 것이다.

혼자이지만 항상 함께일 것이다
행운(幸運)을 빈다…

좋은 아빠

내 어릴 적 꿈
과학자, 대통령, 사장
어른들이 좋다는 직업(職業) 돌아가며 꿈꾸었다
성인이 된 후 줄곧, 나의 꿈은 아빠였다
어떤 수식어가 붙는 아빠
아닌 단지 아빠, 아빠가 꿈이었다

소박하다? 나에겐 소박하지 않았다
농담하냐고? 난 지금도 진지하다
왜 아빠가 소박하고, 장난 같은 꿈인지 되묻고 싶다

아빠가 되려면
날 사랑해 줄 여인, 필수불가결의 조건
더해, 아이들을 잘 키워 줄 여인의
사랑을 받는 것이 쉬운가?
그대는?

난 어려운 일이었다
단지 그것이 유일한 꿈

물론 내가 넘어져서 그런 것도 있다
하지만 좋은 아빠?
그 당시 나에겐 망상에 가까웠다
이룰 수 없는 꿈…

난 아내와 아이들 덕에 결국, 아빠가 되었다
지금은 좋은 아빠가 꿈이다
감히 좋은 아빠가 꿈이다

너무 소소하다. 너무 시시하다?
그렇지 않다
그것은 큰 꿈, 엄청난 욕심

사람 욕심이 끝이 없더라
하지만 이 꿈은 탐을 내도 부끄럽지 않구나

이 꿈은 내 생이 끝날 때까지 방심할 수 없는 꿈
무엇보다 어려운 꿈, 신(神)의 꿈

좋은 아빠 되는 꿈
그래서 젊은 시절 내가
망상에 가까운 꿈이라 단정 지었나 보다

좋은 아빠는 개근상 같구나
결석은커녕, 지각, 조퇴, 외출조차
허용되지 않는구나…

허세(虛勢)

신용카드가 처음 상용화되었을 무렵
동네 형이 군대 제대 기념으로 술을 사 주었다

2차까지 가서, 너무 미안해서 내가 계산한다고 했다
난 당시 현금이 없었다

카드엔 2만 원 남짓 돈이 있어 계산 가능하다 여겼다

계산은 형이 했고, 나중에 한 가지 알았다
내가 가진 카드는 현금 입출금 카드(Debt card)
신용카드(Credit card) 아니었다

지금 생각해도 얼굴이 화끈거린다
그 형에게 감사한다

모르는데 넘겨짚는 것, 얼마나 경솔한 일인가?
모르면서 설치는 것, 없으면서 있는 척하는 것
그것이 허세더라

2만 원 남짓 당시 내 전 재산, 술을 계산할 형편이 아니었고
카드가 안 될 수 있다는 가능성 인지했으니 허세였다

형이 계산할 거란, 일말의 믿음까지 있었으니
변명의 여지 없는 완벽한 허세다

허세, 참 부끄럽고 민망한 짓이더라

종심(從心)

나이 70
하고 싶은 대로 하여도
법도를 어기지 않았다

마음이 시키는 대로 해도
죄(罪)가 없다
신(神)의 경지(境地)

저녁 무렵 지인과
술을 먹었는데
둘이 소주 10병
깨어 보니 아침

필름이 끊겼다
술병 센 것이 마지막 기억
얼마를 더 먹었는지도 모른다
첫 번째 술집만 기억난다

집까지 온전히 걸어왔다
집에서 주정을 했다는데
기억이 없다
하지만 두렵지 않았다

잃어버린 기억

나를 믿었다

나이를 떠나

종심(從心)은 감히 입에 올리지 못한다

난 누구를 함부로 때리거나

해코지할 사람이 아니란 것은 안다

만취하였다 하여도

같은 경험이 계속 반복된다면

확신이 되고 진리가 된다

이걸로 만족히고 감시했디

나의 무의식(無意識)을 믿는다

이거면 충분하다

종심(從心)

신(神)의 영역

감히 꿈꾸지 않았다

감히 꿈꾸지 못한다

죄(罪)인지 알지만

큰 죄(罪)인지 알지만

감히 꿈이라도 잠깐 꾸고 싶구나

종심(從心)

메리 크리스마스(Merry Christmas)

어릴 적 산타를 믿었다
울어서도 안 되고, 착한 어린이가 돼야 해
산타할아버지 선물을 받으려면
그렇게 12월이 되면, 조심하고 기대했던 기억이 난다

드디어 크리스마스이브
난 선물을 받을 자격이 충분하다고 나름 계산했고
동생과 같이 자기 전
머리맡에 각자 양말을 놓아두었다
조금 뒤 난 산타할아버지의 선물이
더 큰 것이길 바라며
내 양말만 국방색 큰 양말로 바꿔 놓았다

설레는 마음으로 뒤척이며 잠이 들었고, 드디어 아침
몇 번을 확인했지만
동생 양말도 국방색 내 양말
아니 내 양말 어디에도 산타의 선물은 없었다
크리스마스 날, 그때의 실망감…
지금도 잊지 못한다

난 커서 아이들에게 한동안 산타가 되어 주었다
아이들은 크리스마스이브면, 머리맡에 양말을 놓았다
어릴 적 나처럼

막내 아이도 이제 산타가 아빠란 것을 안다
아이들은 더 이상 산타를 믿지 않는다
오히려 나는 믿는다
산타할아버지가 있다고

내가 어른이 되어 보니
세상에 신(神)이 없다면
현재 같은 질서는 불가능이라는 결론
유일신(唯一神)이 하기엔 너무 많은 일
따라서 많은 신(神)이 있을 것이란 결론
다신론(多神論)

많은 신(神)이 있으니
그 신(神) 중, 산타할아버지
있을 것 같구나

Merry Christmas
Happy New Year

풀의 기록

민초(民草)
잡초에서 나온 풀 그리고 기록(記錄)

글 하나하나 쓰며 많이 읽었고
책 퇴고(推敲) 작업하면서 30번 정도 읽었으며
책이 출간되고 수없이 읽었다
지금도 내 침대 머리맡에 놓인 책(册)
일 년 삼백육십오 일
하루 이십사 시간
항상 그 자리에

지금도, 이 책(册)이 나를 지킨다
그렇게 오늘도 난 풀의 기록을 읽는다
나의 생(生)이고, 나의 사(死)이며
큰 길로 가게 한다
고민할 때 나침반(羅針盤)이 되어 주는
나의 스승, 나의 벗
풀의 기록

위편삼절(韋編三絕)
너무 많이 읽어서 책(册)이 너덜너덜해질 것이다
이 책(册)은 나의 무덤에 함께 봉인(封印)돼
영면(永眠)을 취하리…
나와 함께
풀의 기록

꼭두각시

부모가 부유하여 부귀영화를 누리니
너희는 특별한 사람 같고 상류(上流) 특권층(特權層) 행세하니
좋니?

친구들은 가난으로 행색이 남루할지 모르나
눈빛이 달라

부모가 정해준 진로(進路), 부모가 시키는 길만 걸으니
아무런 책임(責任)이 없는 꽃길 같아 좋니?

친구들은 치열하게 고민하고
자빠지고 쓰러져 울며
길을 잃어 미친 듯 헤매일지 몰라도
들에 난 풀은 두려워도 두렵지 않아
처음부터 없었기에 잃을 것이 많지 않지

부모가 정해 준 사람이랑 결혼하고 값비싼 물건을 쓰며 살고
온갖 쾌락(快樂)을 쫓아 비슷한 녀석들이랑 세상을 누비니
좋니?

친구들은 싼 전셋집, 월셋집 찾아다니고
작은 돈에 절절매며, 한숨짓고 울먹일지라도
행복하다는데 어쩌니?

야생에 핀 꽃은 지는 것이 일상이야
핀 것만으로도 기적이라, 지족(知足)을 배우지…

네 것은 도대체 어디 있니?
네 것이 있긴 있는 거니?

집도, 차도, 옷도 네 것이라고?
응, 그럼 당연히 네 것 맞지
그래, 그거라도 있어야지

진짜 네 것은 도대체 어디 있니?
진짜 네 것이 있긴 있는 거니?
부모가 준 가짜 말고…

공허(空虛)한 너의 마음은 무엇으로 채우니?
술로? 담배 연기로?
그런다고 채워지니?

가장 가여운 것이 너라서 더는 힘드네…
이제라도 네 인생(人生) 살면 어떨까?
진짜 네 것도 만들고…
어떠신지요?
아직 늦지 않은 것 같은데…

칼 그리고 글

칼과 글은 닮은 점이 의외로 많다
둘 다 유용하고, 둘 다 위험하다
필요하고 필요 없다
사람을 죽일 수도 살릴 수도 있다

칼을 칼집에서 뺀다는 것
글을 세상(世上)에 낸다는 것
생(生)과 사(死)의 문제일 수도…

글 그리고 칼
사용한 만큼 고스란히 본인(本人)에게 돌아온다
본인(本人)이 위험할 수도, 본인(本人)이 안전할 수도

둘 다 약자(弱者)를 위해 쓴다는 것이 쉽지 않다
둘 다 강자(强者)를 겨누면 위험하다
둘 다 강자(强者)를 위해 쓴다는 것은 너무 쉽다
둘 다 약자(弱者)를 겨누면 안전한 것처럼 보인다

손바닥 뒤집으면 이야기는 달라진다
강자(强者)를 위해 쓰임에 신(神)이 분노한다
약자(弱者)를 위해 쓰임에 신(神)이 감동한다

신(神) 아니 신들의 분노(忿怒)
신(新) 아니 신들의 감동(感動)

선택은 오롯이 그대의 몫이다

특권층(特權層)

반칙이 일상이라 당연한 권리(權利)로 여긴다
대학 입시도 수시로 가볍게 패스(Pass)
각종 가짜 스펙(Spec)은 부모가 알아서 해준다

사람 알기를 우습게 여긴다
돈 몇 푼 던져 주고 종으로 부린다
노동을 착취하고 고리대(高利貸)로 재산 증식하는 인습(因習)

자신은 법을 어겨도 되는 특별한 사람이라 생각한다
납세의 의무, 국방의 의무 등은 자신들과는 별개로 여긴다
각종 편법으로 의무는 벗어나고, 온갖 권리는 모두 누린다

직장을 구하는 것도 이상한 특채를 악용(惡用)한다
갑(甲)질을 시도 때도 없이 저지르고 사람들을 속인다
을(乙)을 짓밟는 것이 리더십(Leadership)이라 여긴다
전쟁(戰爭) 등의 재난이 나면 언제든 도망갈 준비가 되어 있다
아쉬울 때만 잠시 고개를 숙이는 가식적인 연기를 한다
부(富)와 권력(權力)을 영원히 세습(世襲)하려 발악한다

서민의 피와 눈물로 배를 불리고 쾌락에 취해 똥을 싼다
천지(天地)가 똥이라 하늘도 땅도 포기한 자정작용(自淨作用)…
천둥으로 하늘이 마르게 울고, 지진으로 땅의 마음이 찢어진다

엘리베이터 안에 들어가서 모든 버튼을 보고 또 찾는다
특권층(特權層)이란 버튼이 없어서 정말 다행이다
나의 엘리베이터…